Plötzlich Pflegefall – Was nun?

Täglich geraten Menschen in die Situation, dass sie selbst oder ein Angehöriger plötzlich pflegebedürftig werden, sei es durch Krankheit, Unfall oder andere widrige Umstände. Eine Pflegebedürftigkeit kann dabei einen körperlichen, geistigen oder seelischen Ursprung haben und sowohl plötzlich als auch schleichend eintreten. Die Betroffenen sind dabei immer weniger dazu in der Lage, für sich selbst zu sorgen.

Tritt eine solche Situation ein, sind die nächsten Angehörigen gefordert – was gilt es, als Erstes zu tun, wo bekommt man Hilfe? Wie sorge ich für die pflegebedürftige Person, wie organisiere ich dabei meine sonstigen Verpflichtungen, usw.?

Es geht dabei nicht nur darum, den richtigen Pflegedienst zu finden, einen Pflegegrad zu beantragen und Arzttermine zu koordinieren. Auch die Regelung der eigenen Berufstätigkeit, Familienabläufe und Vorsorge für die eigene Gesunderhaltung gilt es als pflegender Angehöriger zu bedenken.
Daneben ist das Thema Vorsorge wichtig. Was muss geregelt werden, welche Vorausverfügungen sind sinnvoll, wie bereitet man eine Krankenhauseinweisung vor?
Solchen Fragen geht der vorliegende Ratgeber nach, um Ihnen die ersten Schritte zu erleichtern. Damit sind Sie für unerwartete Situationen gut vorbereitet und können Ihre Selbstbestimmung für den Notfall regeln.

An einem 25. Dezember erging es uns so, dass ein nächster Angehöriger auf einmal zum Pflegefall wurde und wir gefordert waren, für ihn das Bestmögliche umsetzen.
Es war ein Tag, an welchem Experten in diversen Beratungsstellen für uns nicht erreichbar waren. Das Internet war zwar verfügbar, aber die Fülle der Informationen in der akuten Notsituation zu verwirrend. Aufgrund der damals aktuellen Pandemie-Beschränkungen erschien die Einlieferung in ein Krankenhaus für uns keine gute Option zu sein. Wir wollten einen geliebten Menschen nicht in die Isolation schicken und haben so unser Möglichstes getan, um ihn zu Hause bestmöglich zu versorgen.

Die Erfahrungen aus dieser Zeit haben mit zu dem vorliegenden Leitfaden geführt. In der Folge des eigenen Lernprozesses wurden viele Interviews geführt, um hier ein möglichst umfängliches Basiswissen zu vermitteln. So findet sich hier der Erfahrungsschatz zahlreicher Interviewpartner: Betroffene, pflegende Angehörige und professionell in der Pflege Beschäftigte sowie Kranken- und Pflegekassenmitarbeiter*innen.

Falls auch Sie noch Anregungen oder Wünsche haben – bitte teilen Sie es mir mit. Dieser Ratgeber gewinnt durch jeden Hinweis und Kritikpunkt, denn nur dadurch kann er besser und umfassender werden. An dieser Stelle daher schon Danke für Ihre Rückmeldung!

Nun wünsche ich Ihnen und Ihren Angehörigen alles Gute!

Herzlichst,
Ihre Diana Rodekohr-Grimmig

Autor:
Dr. Diana Rodekohr-Grimmig

www.pflege-vorsorge-geregelt.de
info@pflege-vorsorge-geregelt.de
Telefon 04231-8000-0

1. Auflage, Mai 2021

ISBN 978-3-948363-98-7

Herausgeber:
© Verlag HDW-Verden
Schrift & Bild Nienaber GmbH
Geschäftsführer: Harald Nienaber
Anita-Augspurg-Platz 7, 27283 Verden
www.hdw-verden.de
mail@hdw-verden.de

Inhaltsverzeichnis

Einleitung

Dieser Pflegeratgeber begleitet Sie durch Fragestellungen zum Thema „Pflegefall“. Hier können Sie nachsehen, was Sie tun können und wo Sie Hilfe bekommen.

Wir möchten Ihnen damit in einer belastenden und vielleicht unvorhergesehenen Situation eine möglichst umfassende Hilfestellung bieten. Dies ist oder ersetzt jedoch keine rechtliche oder steuerliche Beratung.

Der Pflegeratgeber ist in vier Teile gegliedert. Zuerst werden die Belange des*r Pflegebedürftigen behandelt. Welche Unterstützung wird wobei benötigt? Was kann ein pflegender Angehöriger tun? Welche Aufgaben können von gelernten Fachkräften erledigt werden? Was kann in welchem zeitlichen Rahmen umgesetzt werden? Wobei wird professionelle Hilfe benötigt? Wie kann die Pflegeversicherung bzw. Pflegekasse genutzt werden?

Der zweite Teil widmet sich vornehmlich den pflegenden Angehörigen. Je nachdem wie lange Angehörige die Pflege übernehmen, ist es wichtig, dass sie Unterstützung erfahren – um ihr Familien- und Arbeitsleben mit den Pflegeaufgaben zu gestalten und um die eigene Gesundheit zu erhalten. Wie regele ich meinen Familien- und Pflegealltag? Wie integriere ich die neuen Pflegeaufgaben in meinen Berufsalltag? Welche Unterstützung brauche ich?

Im dritten Teil des Pflegeratgebers werden Gesundheitsthemen und Vorsorgeaspekte behandelt. Hier füllen Sie Formulare und Vordrucke aus.

Der vierte Teil ist der Anhang mit verschiedenen Listen, einem Pflegetagebuch und Musterschreiben.

Beim Verfassen des Ratgebers wurde darauf geachtet, die derzeit vorgeschriebene „geschlechtsneutrale Schreibweise“ anzuwenden. So finden Sie im Text oftmals ein *, um dem gerecht zu werden. Leider erschwert dies oftmals die Lesbarkeit des Textes. Hoffentlich gibt es bald eine ansprechendere Variante für diese Veränderung unserer Schriftsprache.

Erster Teil
Die Situation des*r Pflegebedürftigen

Wird jemand schleichend oder plötzlich pflegebedürftig, so muss festgestellt werden, welche Unterstützung zur Bewältigung des Alltags notwendig ist.
Je nach Schwere der Pflegebedürftigkeit sollte zunächst die aktuelle Situation für die nächsten Tage am Ort oder bei Angehörigen überbrückt werden. Dann gilt es zu überlegen, wie, wo und von wem die mittel- bis längerfristige Versorgung des Pflegebedürftigen gesichert werden kann.

Die medizinische Versorgung muss gewährleistet werden, d.h. Medikamenten-Einnahme, Behandlungen, Therapien sollten fortgeführt werden. Wer übernimmt hier die Verantwortung und Organisation?

Eine Checkliste für die **Selbstständigkeit im Absolvieren verschiedener Tätigkeiten des häuslichen Lebens** findet sich im dritten Teil des Ratgebers (siehe Seite 66ff.). So können Sie sich einen ersten Überblick verschaffen, was an Unterstützung für den*die Pflegebedürftigen notwendig ist.

Zweckmäßig ist es, wenn Sie eine **Vollmacht für die Krankenvorsorge** haben. Die Kranken- und Pflegekassen haben hierfür eigene Vordrucke. Diese können Sie telefonisch anfordern, oder bei manchen Krankenkassen von der Homepage herunterladen. Sie können auch den allgemeingültigen und rechtssicheren Vordruck dieses Ratgebers nutzen (siehe Seite 45).
Eine solche Vollmacht ermächtigt Sie z.B. die Unterlagen für die Beantragung des Pflegegrads anzufordern. Um einen Pflegegrad für den*die Pflegebedürftigen bei seiner Pflegekasse zu beantragen, benötigen Sie eine Vorsorgevollmacht. Sie sollten ebenfalls bevollmächtigt sein, die Arztbriefe und medizinischen Unterlagen zu bekommen. Hierzu unterzeichnet der*die Pflegebedürftige eine **Befreiung von der ärztlichen Schweigepflicht** (siehe Seite 44).
Die o.g. Vollmachten werden sinnvollerweise ergänzt um **Betreuungsverfügung, Patientenverfügung** und/oder **Vorsorgevollmacht** (siehe ab Seite 54).

1. Pflegebedürftigkeit und Pflegegrad

Zur Einordnung der **Pflegebedürftigkeit** wird von den Pflegekassen der sogenannte **Pflegegrad** ermittelt (SGB XI, soziale Pflegeversicherung). Anhand des erteilten Pflegegrades werden die Leistungen bemessen, die aus der Pflegekasse, also von den an die Pflegeversicherung entrichteten Beiträgen, bezahlt werden. In Abhängigkeit vom Maß der Beeinträchtigung werden Pflegegrade von 1 bis 5 vergeben.

Den Pflegegrad ermitteln Gutachter der Pflegeversicherung basierend auf körperlichen, psychischen und kognitiven Beeinträchtigungen des*der Pflegebedürftigen.

Bei gesetzlich Versicherten sind die Gutachter bei der Krankenversicherung angestellt; dies ist der sogenannte Medizinische Dienst der Krankenversicherung MDK. Bei privat Versicherten wird die Einstufung von unabhängigen Gutachtern der MEDICPROOF GmbH übernommen.

1.1. Beantragung und Ermittlung des Pflegegrades

Tritt eine Pflegebedürftigkeit ein, sollte zügig ein Pflegegrad beantragt werden. Dazu genügt zunächst ein Anruf bei der Krankenkasse, bei welchem kurz die neue Situation geschildert und die Zusendung des Antragsformulars erbeten wird. Manche Krankenkassen haben die Antragsformulare auch auf Ihrer Homepage zum Herunterladen, so dass Sie die Papiere ausdrucken und ausfüllen können. Sollte der*die Pflegebedürftige den Antrag nicht mehr selbst unterschreiben können, so muss die Person, die unterschreibt, durch eine Vollmacht (siehe Seite 45) oder Vorsorgevollmacht bevollmächtigt sein (siehe Seite 54). Der Pflegegrad wird rückwirkend für den gesamten Monat ab dem Tag des Anrufs oder des Datums auf dem Antragsformular erteilt.
Wurde die Erteilung eines Pflegegrades beantragt, nimmt alles seinen Gang: Sie erhalten die Antragsformulare, die Sie ausfüllen und zur Pflegekasse senden. Der MDK oder MEDICPROOF GmbH entsendet eine*n Gutachter*in, die*der sich die Situation vor Ort ansieht. Anhand eines Fragenkatalogs mit über 60 Fragen wird der Grad der noch vorhandenen Selbstständigkeit ermittelt. Die Unterlagen des Gutachters werden der Pflegekasse vorgelegt, diese entscheidet dann über die Genehmigung des Pflegegrades und teilt das dem*der Antragssteller*in schriftlich mit. Dieser Prozess dauert mehrere Wochen.

1.2. Die Pflegebegutachtung

Der Gutachter vergibt anhand eines Kriterienkatalogs für sechs verschiedene Pflegegrad-Module eine gewisse Punktzahl. Die aufsummierten Punkte werden von der Krankenkasse unterschiedlich gewichtet und daraus der Pflegegrad ermittelt. Der Pflegegrad wird dabei anhand des tatsächlichen Pflegebedarfs eingestuft, und nicht wie früher aufgrund des täglichen Pflegeaufwandes.
Der Gutachtertermin soll mindestens eine Stunde dauern, da die Gutachter darauf geschult sind, nicht nur Fakten abzufragen, sondern auch einen persönlichen Eindruck von der Situation zu gewinnen und eine Hilfestellung/Beratung in dieser besonderen Situation zu geben.

Insgesamt sechs Pflegegrad-Module werden bei der Pflegebegutachtung berücksichtigt:

1. Mobilität
2. Kognitive und kommunikative Fähigkeiten
3. Verhaltensweisen und psychische Verfassung
4. Selbstversorgung
5. Selbstständiger Umgang mit krankheits- oder therapiebedingten Anforderungen
6. Gestaltung des Alltagslebens und sozialer Kontakte

Zur Vorbereitung auf den Gutachtertermin können Sie das Pflegetagebuch bzw. die Tätigkeitslisten aus dem Anhang des Ratgebers nutzen (ab Seite 73). Sie sind an den sechs vorgenannten Modulen orientiert.
Gehen Sie am besten einmal einen kompletten Tag mit Handlungsabfolgen durch und notieren Sie sich, was der*die Bedürftige nicht mehr selbstständig oder mit Hilfe ausführen kann. Diese Notizen können Sie für die Begutachtung nutzen. Ein Beispiel über das morgendliche Anziehen – hier können Details sehr wichtig sein. Können Socken oder Strumpfhosen noch selbst angezogen werden? Können Schnürsenkel gebunden werden – ist die Feinmotorik dafür vorhanden und genügend Kraft, so dass die Schleife nicht wieder aufgeht? Wenn Strumpfhosen nicht angezogen werden können, so sind Röcke im Winter kein gutes Kleidungsstück...

- Im **Pflegetagebuch** (ab Seite 73) notieren Sie über einen Zeitraum von ein bis zwei Wochen alles, was mit der Pflege und Betreuung des*r Pflegebedürftigen zu tun hat. Schreiben Sie auch auf, wann Sie nur beaufsichtigt haben. Das heißt, wenn Sie den*die

Pflegebedürftige*n beim Waschen anleiten oder beaufsichtigen, gehört dies auch zur Pflegetätigkeit.

- Informieren Sie sich bei einem **Pflegestützpunkt** vorab, was in Ihrem speziellen Fall zu beachten ist. Vielleicht kann ein*e Mitarbeiter*in des Pflegestützpunktes am Tag der Begutachtung zu Ihnen nach Hause kommen? Das kann sehr hilfreich sein, denn die Pflegestützpunkt-Mitarbeiter*innen wissen, worauf es bei der Begutachtung ankommt.
- Besorgen Sie für den*die Gutachter*in die wichtigen medizinischen Dokumente zu der Erkrankung und den Vorerkrankungen. Hierzu gehören Arztberichte und Bescheinigungen, Medikamentenplan, Auflistung der erhaltenen Therapien, Entlassungsberichte aus Krankenhaus oder einer Rehaeinrichtung, Röntgenbilder, MRT, Allergiepass, Diabetikerausweis, Schwerbehindertenausweis, Vertrag mit Pflegedienst usw.
- Erstellen Sie von den Dokumenten Kopien, die Sie dem*der Gutachter*in mitgeben können. Das erleichtert dem*der Gutachter*in die Arbeit.

Weiterführende Details hierzu finden Sie auch beim MDS (Medizinischer Dienst des Spitzenverbandes Bund der Krankenkassen e.V.) unter www.mds-ev.de.
Oder Sie fragen Mitarbeiter*innen eines ortsansässigen Pflegedienstes.

Hinweise

Pflegestützpunkte, die es in jedem Bundesland gibt, helfen mit ergänzenden Informationen. Diese Pflegestützpunkte sind örtliche Auskunfts- und Beratungsstellen rund um das Thema Pflege. Sie werden von den Kranken- und Pflegekassen auf Initiative eines Bundeslandes eingerichtet.

Die eigene Bedürftigkeit vor anderen oder fremden Personen offen zu zeigen, ist eine enorme mentale Herausforderung. Daher ist zu empfehlen, dass der*die Pflegebedürftige das Gespräch nicht alleine mit dem*r Gutachter*in führt. Eine Vertrauensperson des Pflegebedürftigen sollte dabei zugegen sein.

1.3. Wann kann ein Pflegegrad beantragt werden?

Der Pflegebedürftigkeitsbegriff

Viele Menschen kommen aufgrund einer Krankheit, Behinderung oder in ihrer letzten Lebensphase nicht mehr ohne fremde Hilfe und häufig auch nicht ohne Pflege aus.
Der Pflegebedürftigkeitsbegriff erfasst in einer einheitlichen Systematik, wie stark die Pflegebedürftigen in ihrer Selbstständigkeit und in ihren Fähigkeiten eingeschränkt sind.

Zu den körperlichen, geistigen und seelischen Krankheiten oder Behinderungen zählen:

- Verluste, Lähmungen oder andere Funktionsstörungen am Stütz- und Bewegungsapparat
- Funktionsstörungen der inneren Organe oder der Sinnesorgane
- Störungen des Zentralnervensystems wie Antriebs-, Gedächtnis- oder Orientierungsstörungen sowie Psychosen, Neurosen oder geistige Behinderungen

Die gesetzliche Definition von Pflege (SGB XI §14):

Pflegebedürftig sind Personen, die gesundheitliche Beeinträchtigungen der Selbstständigkeit oder der Fähigkeiten aufweisen und deshalb der Hilfe durch andere bedürfen. Es muss sich um Personen handeln, die körperliche, kognitive oder psychische Beeinträchtigungen oder gesundheitlich bedingte Belastungen oder Anforderungen nicht selbstständig kompensieren oder bewältigen können. Die Pflegebedürftigkeit muss auf Dauer, voraussichtlich für mindestens sechs Monate und mit mindestens der in §15 SGB XI festgelegten Schwere bestehen.

Bei manchen Krankheiten und körperlichen Einschränkungen kann also ebenso ein Pflegegrad eingeräumt werden, wie bei Menschen hohen Alters. Daher sind hier beispielhaft einige Krankheiten und physischen Einschränkungen aufgeführt, die einen Pflegegrad begründen können:

- Krebserkrankungen
- Diabetes
- Dialysepatienten
- Parkinson
- ALS
- Epilepsie
- Multiple Sklerose MS
- Chronisch-obstruktive Lungenerkrankung (COPD)
- Nach einer Amputation
- Nach einer Transplantation
- Nach einem Oberschenkelhalsbruch
- Nach einem Schlaganfall
- Geistige Behinderung
- Psychische Erkrankung, z.B. Depression
- Demenz

Im Verlauf einer Krankheit kann sich der Zustand der*s Pflegebedürftigen nach Erteilung des Pflegegrades weiter verschlechtern. Dann gibt es die Möglichkeit, einen Antrag auf Höherstufung zu stellen. Sprechen Sie hierzu mit der Pflegekasse, um die entsprechenden Antragsformulare zu erhalten oder laden Sie diese von der Homepage der Pflegekasse herunter.

Auch gibt es die Möglichkeit, dass dem Antrag auf Erteilung eines Pflegegrades von der Pflegekasse nicht entsprochen wird. Hiergegen kann man Widerspruch einlegen. Dazu können Sie das Formular aus dem Anhang (Seite 79) verwenden.

Hier noch mal der Ablauf für die Beantragung eines Pflegegrades

1. Anruf oder direkt schriftlichen Antrag stellen bei der zuständigen Pflegekasse (diese ist der Krankenkasse angegliedert)
2. Termin mit dem*r Gutachter*in abstimmen für Pflegebegutachtung
3. Begutachtungstermin (Gutachter*in, Pflegebedürftige*r, Angehörige*r; Dauer mindestens 1 Stunde)
4. Bescheid über den Pflegegrad nach ca. 4-6 Wochen
5. Ggf. Widerspruch bei negativem Bescheid

1.4. Wo möchte der*die Pflegebedürftige wohnen?

Neben dem Thema Pflegegrad muss überlegt werden, wo der*die Pflegebedürftige wohnen möchte und kann und welche unterstützenden Maßnahmen notwendig sind, um dies umzusetzen.

Ist der gewünschte Wohnort das bisherige Zuhause, so müssen einige Aspekte geklärt werden. Dazu gehört neben den medizinischen Maßnahmen auch die Versorgung mit Mahlzeiten, die Körperpflege, das Einkaufen, Sauberhalten der Wohnung und ggf. die Versorgung vorhandener Haustiere.

1.4.1. Im eigenen Zuhause bleiben

Bei der häuslichen oder auch ambulanten Pflege werden Pflegebedürftige zu Hause medizinisch, pflegerisch und hauswirtschaftlich versorgt. Dies kann durch Angehörige und/oder Fachkräfte erfolgen.

Der*die Pflegebedürftige kann so in seinem gewohnten Umfeld bleiben und die individuellen Abläufe beibehalten.

Ist dies gewünscht, muss überlegt werden, wie es umsetzbar ist, dass der*die Pflegebedürftige in der häuslichen Umgebung bleiben kann.

Wer kann pflegend unterstützen?
Welche professionelle Hilfe wird benötigt?
Muss das Wohnumfeld umgestaltet werden, wenn ja, wie?

Bei einer absehbar kurzen Pflegezeit reichen oftmals überbrückende Maßnahmen, um die Wohnsituation bedarfsgerecht anzupassen. Hilfsmittel wie z.B. Duschhocker, Rollator, Pflegetisch, Gehhilfe u.ä. können hier bereits große Erleichterung bereiten. Auch das Umräumen von Schrankinhalten in Küche, Bad und Schlafzimmer für eine bessere Erreichbarkeit der Gegenstände kann schon helfen.

Manchmal ist eine dauerhafte Umgestaltung der Wohnung nötig, um den Wunsch zu Hause zu bleiben zu ermöglichen. Ein barrierearmes oder barrierefreies Wohnen wird dabei angestrebt, um den Lebensraum bedürfnisangepasst und pflegefreundlich zu gestalten. Hier gibt es diverse Zuschüsse oder Fördermöglichkeiten, die in Kapitel 2.5. ab Seite 21 aufgeführt werden. Daneben gibt es die Möglichkeit, sich stundenweise in einer Tages- oder Nachtpflege-Einrichtung professionell pflegen und betreuen zu lassen und weiterhin zu Hause wohnen zu bleiben. Für Tagespflege oder Nachtpflege durch professionelle Pflegekräfte zahlen Pflegekassen zusätzliche Zuschüsse neben bezogenem Pflegegeld oder Pflegesachleistungen bei ambulanter Pflege (Kapitel 2.1. ab Seite 13).

Die Pflegekasse berät Sie, wie welche Leistungen finanziell unterstützt werden, und welcher Anteil selbst getragen werden muss.

1.4.2. Betreutes Wohnen (§38a SGB XI)

Die Pflege und Betreuung in einer ambulant betreuten Wohngruppe (WG) oder Seniorenwohngemeinschaft kann bei Pflegegrad 2 oder Pflegegrad 3 eine sinnvolle Alternative sein. Eine ambulant betreute Wohngruppe hat den Sinn, dass die pflegerische Versorgung gemeinschaftlich organisiert wird. Die Bewohner der Wohngruppe müssen daher gemeinschaftlich eine Person zur Aufgabenerbringung beauftragen. Diese Person muss auf einer gesonderten Vertragsgrundlage für die Wohngruppenbewohner tätig werden. Die Wohnung für die Gemeinschaft muss einige Räume für gemeinsame Nutzung haben: Küche, Badezimmer und Aufenthaltsraum. Die Kosten für Miete, Verpflegung und Leistungen des beauftragten Pflegedienstes tragen die WG-Bewohner selbst. Die Pflegeleistungen werden gefördert.

Eine von der Pflegekasse förderungsfähige Senioren-WG sollte mindestens drei und maximal 12 Bewohner haben, von welchen mindestens drei einen Pflegegrad haben. Solche Senioren-WGs sind für bis zu vier Pflegebedürftige zuschussfähig. Die Pflegekassen geben einen Gründungszuschuss von 2.500,– € je Wohngruppenmitglied für maximal vier Bewohner, also maximal 10.000,– €. und monatliche Wohngruppenzuschüsse von derzeit ca. 214,– €.

Maßnahmen zum altersgerechten Wohnraumumbau werden mit bis zu 4.000,– € je Maßnahme bezuschusst. Pro Wohngemeinschaft werden insgesamt maximal 16.000,– € Zuschuss für Umbaumaßnahmen gewährt.

Im Anhang D auf Seite 76 sind mögliche **Maßnahmen zur Verbesserung des Wohnumfeldes** aufgelistet.

1.4.3. Vollstationäres Wohnen

Für Senioren

Seniorenheime und Pflegeheime sind eine geeignete Wohnform, wenn man nicht weiter zu Hause wohnen kann, oder wenn keine passende Senioren-Wohngemeinschaft verfügbar ist. Die meisten Pflegeheime sind für alle Pflegegrade ausgestattet.

Für Bewohner mit besonderen Pflegeansprüchen sind sie eine sichere und dauerhafte Versorgungsmöglichkeit. Manche Pflegeheime bieten z.B. für Pflegebedürftige mit Pflegegrad 5 eine eigene Etage, oder gesonderte Wohnbereiche für Demenzkranke.

Hinweis

Auch ohne Pflegegrad kann man bereits einen Platz in einer Seniorenresidenz reservieren oder beziehen. Falls Sie es für Ihr späteres Leben in Erwägung ziehen, ist es eine gute Option, sich frühzeitig - nämlich wenn man noch voll agil und mobil ist - um einen solchen Residenzplatz zu bemühen. Schön gelegene Seniorenheime oder solche mit besonderen Wohnmöglichkeiten, wie z.B. Ehegattenwohnungen, oder attraktiven Freizeitangeboten haben oft eine lange Warteliste.

Für jüngere Pflegebedürftige

Niemand rechnet in jungen Jahren damit, dass das bisherige Leben durch eine Erkrankung oder einen Unfall von einem auf den anderen Moment grundlegend verändert werden könnte. Dementsprechend unvorbereitet sind die Betroffenen und Angehörigen, wenn plötzlich ein junger Mensch pflegebedürftig wird.
Kann die Pflege von den Angehörigen nicht übernommen werden, so wird als Notlösung die Unterbringung in einem Seniorenpflegeheim gewählt. Für die jungen Pflegebedürftigen ist das Leben unter pflegebedürftigen Senioren jedoch eher belastend als angenehm.

Besondere Pflegeheime für junge Menschen bieten eine Betreuung, die auf die spezifischen Bedürfnisse der Bewohner zugeschnitten ist. Ziel ist es hierbei, die Selbstständigkeit der jungen Pflegebedürftigen mithilfe von therapeutischer Förderung soweit es möglich ist, zu erhalten.

Aber auch der Freizeitgestaltung und der altersgerechten Förderung junger Pflegebedürftiger wird hier besondere Aufmerksamkeit geschenkt. Ein Altenpflegeheim kann diesem Anspruch nicht leicht gerecht werden.

Wer kann bei der Heimsuche unterstützen?

Die folgende Liste zeigt einige Möglichkeiten auf, an wen man sich Rat suchend wenden kann, um ein geeignetes Pflegeheim zu finden:

- Krankenkasse oder Pflegekasse
- Medizinische Einrichtungen, in der die Erst- oder Folgeversorgung stattfindet
- Kirchliche Organisationen, wie z.B. Caritas mit Malteser Hilfsdienst, Johanniterorden oder Diakonisches Werk
- Selbsthilfegruppen
- Ortsansässiger sozialer Dienst
- Örtliche Pflegedienste
- Firmen, die sich darauf spezialisiert haben, für Ihre Kunden geeignete Pflegeheime zu finden und die nötigen Anträge zu stellen
- www.deutsche-seniorenstift.de

Umzug in eine Pflege- oder Senioreneinrichtung

Manchmal ist es nicht mehr möglich, in den eigenen Wohnräumen zu bleiben. Ein Umzug kann in pflegerischen Bedürfnissen begründet sein, oder auch aus sozialen Aspekten sinnvoll sein. Um eine Vereinsamung im Alter zu verhindern, kann auch ein Umzug in eine Einrichtung in die Nähe von Verwandten oder Freunden helfen.

In einem Seniorenheim oder Pflegeheim erhalten die Bewohner rund um die Uhr Pflege und Betreuung, so dass alle Grundbedürfnisse gedeckt sind. Viele Einrichtungen bieten weitere Serviceleistungen wie Bibliothek, Schwimmbad, Bewegungstraining und verschiedene Freizeitbeschäftigungen an.

Wie findet man den geeigneten Wohnplatz:

1. Überblick verschaffen und Informationen sammeln

- Besorgen Sie Informationen über vorhandene Pflegeeinrichtungen. Kommunen, Pflegestützpunkte, kirchliche Organisationen wie Caritas oder Diakonie können Ihnen hierbei helfen. Nutzen Sie ihr Pflege-Netzwerk und fragen Sie Bekannte nach Empfehlungen und Erfahrungen.
- Vereinbaren Sie einen Besichtigungstermin und schauen Sie sich die in Frage kommenden Einrichtungen persönlich an. Lassen Sie sich dort direkt Informationsmaterial zu Pflegekonzepten, Beschäftigungsangeboten, Räumlichkeiten, Kosten, Wartezeiten, etc. geben.
- Nachdem Sie sich so einen ersten Überblick verschafft haben, grenzen Sie Ihre Auswahl ein.

2. Auswahl eingrenzen und Qualität prüfen

- Bei den nun in die engere Wahl kommenden Einrichtungen vereinbaren Sie einen zweiten Besichtigungstermin.
- Es hilft, sich eine Liste mit Fragen zu machen, damit Sie nach den Terminen Ihre Notizen zu den einzelnen Einrichtungen in Ruhe vergleichen können.
  Versuchen Sie, mit der Heimleitung zu sprechen und lassen Sie sich das Bewertungsprotokoll des MDK geben. Fragen Sie nach den Qualitätsstandards, der Anzahl Pflege- und Betreuungskräfte und deren Qualifikationen und den kooperierenden Ärzten.
  Versuchen Sie mit Bewohnern und Besuchern zu sprechen, um einen weiteren Blickwinkel auf die Einrichtung zu bekommen.
- Prüfen Sie noch mal genau, ob alle Belange des Angehörigen berücksichtigt werden können, der umziehen wird.
- Die Preise in den Einrichtungen können sehr unterschiedlich sein. Bitten Sie daher um ein konkretes Angebot für Ihre*n Angehörige*n. Eine vollstationäre Unterbringung kostet mehrere Tausend Euro, wovon die Pflegekassen einen Teil übernehmen. Der Rest wird als Eigenanteil berechnet; im Durchschnitt liegt dieser bei knapp 2.000,– €.

Hinweise

Grundsätzlich empfiehlt es sich, die Preise und die fälligen eigenen Zuzahlungen für Bewohner von Seniorenheimen, Pflegeheimen, Wohngruppen oder Wohngemeinschaften bzw. für Gäste von Tages- und Nachtpflegen in Ihrer Gegend zu vergleichen.
Zum Teil finden sich je nach Lage, Ausstattung und Region der Einrichtung große preisliche Unterschiede.

Im Rahmen der Kurzzeitpflege kann die gewählte Einrichtung „getestet“ werden. So können Sie tatsächlich „erleben“, ob die Einrichtung die Passende ist.
Manche Häuser haben auch Angebote für Probewohnen. Sprechen Sie die Leitung direkt an, ob und unter welchen Bedingungen so etwas möglich ist.

2 Leistungen für Pflegebedürftige

Die Leistungen aus der Pflegeversicherung teilen sich auf in Geldleistungen und Sachleistungen.

Die einzelnen Leistungen können miteinander kombiniert werden. Sie werden nach den Pflegegraden differenziert.

Erklärungen und Definitionen:

Als Geldleistung erhält der Pflegebedürftige ab Pflegegrad 2 das sogenannte Pflegegeld. Er kann darüber frei verfügen, es gilt nicht als Einkommen, muss daher also nicht versteuert werden.

Pflegegeldempfänger können den Geldbetrag nutzen, um z.B. den pflegenden Angehörigen finanziell entgegenzukommen.

Von einer Pflegesachleistung wird gesprochen, wenn professionelle Pflegekräfte die häusliche Pflege übernehmen. Hat der beauftragte Pflegedienst die entsprechende Qualifikation (Kassenzulassung), kann er seine Dienstleistung als Pflegesachleistung direkt mit der Pflegekasse abrechnen.

Es gibt auch die Möglichkeit, die Pflegegeldleistung und Sachleistung zu kombinieren. Die zuständige Pflegekasse klärt darüber auf, was für den Pflegebedürftigen eine sinnvolle Lösung zur Verwendung der Mittel sein kann.

2.1. Die Leistungen nach Pflegegrad

Leistungen für Pflegegrade (PG) 1-5

Alle Pflegebedürftigen mit Pflegegrad, also ab PG 1, können folgende Pauschalleistungen in Anspruch nehmen (siehe Tabelle Seite 14):

- Einen monatlichen Entlastungsbetrag von 125,– € für die Erstattung zusätzlicher Betreuungsausgaben
- Derzeit einmalig ca. 11,– € für die Installation eines Hausnotrufs, monatlich ca. 23,– € für den Betrieb
- Monatlich 40,– € (Corona-bedingt z.Zt. 60,– €) für Pflegehilfsmittel (siehe auch Kapitel 2.2) zum Verbrauch (z.B. Desinfektionsmittel, Einmal-Handschuhe, Inkontinenzhilfen u.ä.)
- Zuschüsse zu Wohnraumanpassung (z.B. bis zu 4.000,– € einmalig für Einzelmaßnahmen, wie einen Treppenlift oder einen Badumbau)
- Wohngruppenförderung (Gründungszuschuss und Organisationszuschuss für Senioren-WGs).

Diese Leistungen sind jeweils zweckgebunden und werden gegen Vorlage von Belegen ausgezahlt. Beispielsweise kann der Entlastungsbetrag für Tages- und Nachtpflege, für Kurzzeitpflege, Betreuungsangebote zugelassener Pflegedienste u.ä. verwendet werden.
Hier können je nach Landesrecht auch stundenweise Betreuung durch ehrenamtliche Helfer oder Nachbarschaftshilfe abgerechnet werden. Fragen Sie bei der Pflegekasse nach den üblichen Abrechnungsgepflogenheiten, da die einzelnen Bundesländer dies unterschiedlich handhaben.

Leistungen für Pflegegrade (PG) 2-5

Pflegebedürftige mit Pflegegrad (PG) 2-5 haben grundsätzlich einen Anspruch auf Pflegegeld, Pflegesachleistungen sowie Zuschüsse zu Pflegeleistungen.

Die folgende Tabelle gibt einen Überblick über die Geldleistungen für verschiedene Leistungsarten für die fünf Pflegegrade (PG):

Leistungsart	PG 1	PG 2	PG 3	PG 4	PG 5
Pflegegeld (monatlich)	—	316,– €	545,– €	728,– €	901,– €
Pflegesachleistungen (monatlich)	—	689,– €	1.298,– €	1.612,– €	1.995,– €
Tages- und Nachtpflege (monatlich)	—	689,– €	1.298,– €	1.612,– €	1.995,– €
Kurzzeitpflege (jährlich)	—	1.612,– €	1.612,– €	1.612,– €	1.612,– €
Verhinderungspflege (jährlich)	—	1.612,– €	1.612,– €	1.612,– €	1.612,– €
Vollstationäre Pflege (monatlich)	—	770,– €	1.262,– €	1.775,– €	2.005,– €
Betreuungs- und Entlastungsleistungen (monatlich)	125,– €	125,– €	125,– €	125,– €	125,– €
Zum Verbrauch bestimmte Pflegehilfsmittel (monatlich)	40,– €	40,– €	40,– €	40,– €	40,– €
Hausnotruf (monatlich)	23,– €	23,– €	23,– €	23,– €	23,– €
Wohnraumanpassung (je Gesamtmaßnahme)	4.000,– €	4.000,– €	4.000,– €	4.000,– €	4.000,– €
Wohngruppenzuschuss (monatlich)	214,– €	214,– €	214,– €	214,– €	214,– €

Wie sind diese Leistungen nun zu verstehen?

Nehmen wir an, es wurde ein Pflegegrad 2 erteilt, der*die Pflegebedürftige ist zu Hause und wird von einer*m pflegenden Angehörigen versorgt.

Dem*r Pflegebedürftigen steht ein monatlicher Entlastungsbetrag von 125,– € zu. Dieser Betrag ist auf den Folgemonat oder in besonderen Fällen auch auf das Folgejahr übertragbar. Die Bundesländer regeln, ob der Betrag gegen die Vorlage von Belegen ausgezahlt wird, oder ob er mit dem Dienstleister direkt abgerechnet wird. Bitte erkundigen Sie sich hierzu bei Ihrer Pflegekasse.
Des Weiteren steht ein monatlicher Betrag von 40,– € für Pflegehilfsmittel zur Verfügung. Dieser kann z.B. für Inkontinenzhilfen, Desinfektionsmittel, Mundschutz, Einmalhandschuhe oder aber auch einen Rollator oder einen Duschhocker u.a. verwendet werden. Gegen Einreichen der Belege wird er ausgezahlt.

Pflegehilfsmittel werden definiert als Verbrauchsmittel oder Hilfsmittel zur Erleichterung der Pflege, wie z.B. Pflegebetten o.ä.

Benötigen Sie einen Hausnotruf, so wird dies momentan mit einem Einmal-Betrag von ca. 11,– € für die Anschaffung gefördert, danach erhalten Sie einen monatlichen Zuschuss von derzeit 23,– €.

Hier empfiehlt sich ein Anbieter-Vergleich, da die Kosten sehr unterschiedlich ausfallen können.

Eine ausführliche Liste mit Pflegehilfsmitteln finden Sie im Anhang C auf Seite 75.

Als Pflegegeld wird dem*r Pflegebedürftigen monatlich der Betrag von 316,– € überwiesen.

Wenn ein ambulanter Pflegedienst unterstützend tätig wird, z.B. um beim Duschen oder Haare waschen zu helfen, oder als Alltagshilfe, stehen hierfür insgesamt 689,– € für diese sogenannten Pflegesachleistungen zur Verfügung. Diese können mit dem Pflegegeld kombiniert werden.

Das bedeutet z.B. – der Pflegedienst kommt mehrfach wöchentlich für verschiedenen Dienstleistungen. Dafür fallen monatlich beispielsweise 1000,– € an Kosten an. Nun kann der Pflegebedürftige 689,– € aus den Pflegesachleistungen bestreiten, die direkt mit der Pflegekasse abgerechnet werden. Dann hat er noch 316,– € Pflegegeld. In Summe stehen monatlich 1005,– € zur Verfügung, d.h. die Leistungen, die der Pflegedienst erbringt, werden vollständig über die Zahlungen der Pflegekasse abgedeckt.

Bei Erkrankungen, die eine Tagespflege oder Nachtpflege notwendig machen, wie z.B. Demenz, steht ein monatlicher Betrag von 689,– € zur Verfügung.

Ist der pflegende Angehörige verhindert – wegen Urlaub, Krankheit oder Unabkömmlichkeit von anderen Aufgaben, so können (nach Ablauf einer erstmaligen Pflegezeit von sechs Monaten) jährlich 1612,– € für Verhinderungspflege aufgewendet werden. Der Pflegebedürftige wird dann von einer selbst gewählten Vertrauensperson (Verwandte, Bekannte, Nachbarn) oder von einem Pflegedienst zu Hause versorgt.

Alternativ könnte der Pflegebedürftige in dieser Zeit in die Kurzzeitpflege gehen, oder die Tages- und/oder Nachtpflege in Anspruch nehmen. Dann werden alle notwendigen Maßnahmen von den dafür vorgesehenen Geldern bezahlt (siehe Tabelle auf Seite 14). Ergänzend kann die Entlastungszahlung für Kost und Logis in der Kurzzeitpflege verwendet werden.

Eine Beispielrechnung hierzu findet sich auf Seite 31.

Manchmal bietet sich auch eine vollstationäre Pflege an, die je nach Pflegegrad bezuschusst wird, in unserem Beispiel bei PG 2 mit 770,– €.

Alle Leistungen sind untereinander kombinierbar. Es empfiehlt sich daher, mit der Pflegekasse Rücksprache zu halten, um gemeinsam eine optimale Lösung für die Mittelverwendung zu finden.

Hinweis

Als Empfänger von Pflegegeld kann man eine Befreiung oder Ermäßigung von der Rundfunkbeitragspflicht erhalten.

2.2. Pflegehilfsmittel und Hilfsmittel

Pflegehilfsmittel sind dazu da, die Pflege zu erleichtern, Beschwerden zu lindern oder die Selbstständigkeit zu erhöhen. Sie sind im Hilfsmittelverzeichnis eingetragen. Es wird unterschieden zwischen Verbrauchsmitteln und technischen Hilfen.

Zum Verbrauch bestimmte Pflegehilfsmittel sind beispielsweise Desinfektionsmittel, Inkontinenzartikel, Bettschutzeinlagen, Hygieneartikel, Einmalhandschuhe u.a.

Zu den technischen Hilfen zählen beispielsweise Pflegebetten, mobile Patientenlifter, Pflegerollstuhl oder ein Hausnotruf. Werden die technischen Hilfsmittel geliehen, so entfällt eine mögliche kassenübliche Zuzahlung (10 % der Kosten bis max. 25,– €).

Wenn ein Pflegegrad vorliegt, werden Pflegehilfsmittel bis zum festgelegten Höchstsatz von der Pflegekasse übernommen.

Ein Rezept ist bei Pflegehilfsmitteln grundsätzlich nicht erforderlich, es ist jedoch für die spätere Kostenerstattung ratsam, die Notwendigkeit durch einen Arzt begründen zu lassen.

Im Anhang C auf Seite 75 finden Sie eine Liste mit Pflegehilfsmitteln.

Hilfsmittel sind Produkte, die im Einzelfall notwendig sind, um Menschen mit einer Erkrankung, Behinderung oder altersbedingten Einschränkungen im Alltag zu unterstützen.

Dies können bewegliche Hilfsmittel sein, wie z.B. Anziehhilfen, Bade- und Duschhilfen, Brillen, Gehstöcke, Hörgeräte, Rollatoren oder Rollstühle.

Sollte ein Hilfsmittel nicht eindeutig der Kranken- oder Pflegekasse zuzuordnen sein, regeln dies die Versicherungen untereinander.

2.3. Pflegeberatung (§37 Abs. 3 SGB XI)

Pflegegeld-Empfänger – also Pflegebedürftige ab PG 2 - sind verpflichtet, Beratungsbesuche von geschulten Fachkräften abzurufen. Diese Beratungsbesuche können von einem zugelassenen Pflegedienst, einer anerkannten Beratungsstelle oder einer von der Pflegekasse beauftragten Pflegefachkraft erfolgen. Sie dienen dazu, dass der Pflegebedürftige Hilfestellung von professioneller Seite bekommt, wie z.B. die häusliche Situation angepasst werden kann, ob es Verbesserungsmöglichkeiten gibt, etc. Für die Pflegekasse wird mittels des Besuchsberichts dokumentiert, wie die bewilligten Pflegemittel verwendet werden.

Ein solcher Besuch kann in Abhängigkeit von der Schwere der Pflegebedürftigkeit am Anfang der Pflegezeit sein, um für alle Beteiligten gute Bedingungen zu schaffen. Oder aber z.B. nach dem Ablauf von sechs Monaten der ersten Pflegezeit, um dann zu erörtern, wie die Leistungen oder häuslichen Gegebenheiten bei Bedarf sinnvoll angepasst werden sollten.

So können z.B. Umbaumaßnahmen die Pflege erleichtern und die Lebensqualität des Pflegebedürftigen erhöhen.

Die Beratungsleistung der Fachkraft reicht also von Tipps für die tägliche Pflege, über Ideen für bauliche Veränderungen bis hin zur Unterstützung bei einer Beantragung von Leistungen oder Umstufung des Pflegegrades.

Hinweis

Nutzen Sie diese Besuche, um sich praktische Tipps für die Erleichterung und Verbesserung der Pflege und Betreuung zu Hause zu holen. Wenn Sie sich vorher eine Liste mit Stichpunkten anfertigen, können Sie den Besuch optimal nutzen.

Folgende Fragen können Ihnen dabei als Anregung dienen:

- Was macht Probleme im täglichen Ablauf – dem*r Pflegebedürftigen und/oder dem*r Pflegenden?
- Gibt es Pflegehilfsmittel, die in der persönlichen Situation sinnvoll sein könnten?
- Wie kann man als pflegender Angehöriger lernen, Pflegemaßnahmen auszuführen?
- Welche Möglichkeiten der Wohnraumanpassung gibt es?
- Welche Entlastungsmöglichkeiten für die Freizeitgestaltung der Beteiligten gibt es?
- Gibt es Kommunikationsbedarf mit Beteiligten (Pflegeperson, Pflegedienst, Ärzte)?
- Gibt es Abläufe, die verbessert werden könnten?

2.4. Professionelle Unterstützung

Pflege ist eine zusätzliche Aufgabe, die Zeit und Kraft erfordert. Die wenigsten pflegenden Angehörigen haben eine Ausbildung zur Pflegefachkraft, wenn sie diese Aufgabe übernehmen. Daher ist es hilfreich, sich professionelle Unterstützung zu holen.

Dies kann auf verschiedene Wege erfolgen: Man kann sich für diverse Pflegeaufgaben-kostenlos weiterbilden lassen und man kann Aufgaben an andere Personen abgeben.
Die Pflege-Weiterbildung ist zwar eine Leistung für pflegende Angehörige, sie kommt aber direkt dem*r Pflegebedürftigen zugute. Daher ist dieses Kapitel an dieser Stelle eingefügt und nicht im späteren Teil, in welchem Leistungen für pflegende Angehörige aufgeführt werden.

2.4.1. Pflege-Fortbildung nach §45 Sozialgesetzbuch (SGB) XI

Der §45 des Sozialgesetzbuches XI besagt, dass Privatpersonen berechtigt sind, kostenlose Pflegeschulungen zu nutzen, wenn sie ehrenamtlich Pflegetätigkeiten ausüben wollen oder Angehörige pflegen.

Als pflegender Angehöriger ist man plötzlich in der Situation, Aufgaben zu haben, die vorher nicht geplant oder erlernt wurden. Das Aufgabengebiet reicht dabei von der Organisation der Papiere, über Beschaffung von Pflegehilfsmitteln über das Anziehen bis hin zum Umlagern und Waschen von bettlägerigen Angehörigen.

Hier hilft es den pflegenden Angehörigen, sich praxisnahes Pflegewissen anzueignen. So können die Aufgaben leichter erledigt werden und die eigene Gesundheit wird dabei geschützt.

Es gibt öffentliche Pflegekurse, die von den Pflegekassen oder anderen Einrichtungen, wie z.B. Sozialstationen, VHS, zertifizierten Pflegediensten o.ä. veranstaltet bzw. organisiert werden.

Darin werden die Grundlagen der häuslichen Pflege erlernt. Zum Beispiel worauf man beim Waschen eines Schlaganfallpatienten achten muss, oder wie man jemandem mit fortgeschrittener Multipler Sklerose die Haare wäscht.

Für den Pflegealltag sollten Handgriffe und praktische Anleitungen wie Lagerungstechniken, Sturzprophylaxe, parenterale Ernährung und Medikamentengabe vermittelt werden.

Auch ist es für die eigene Gesunderhaltung wichtig zu lernen, wie man z.B. einen Rollstuhlfahrer rückenschonend in den Rollstuhl setzt und herausholt. Oder wie man mit der körperlichen und seelischen Belastung so umgeht, dass man als pflegender Angehöriger gesund bleibt.

Das Wissen über Krankheiten ist ebenso Teil der Schulung. Hier geht es nicht nur um die akute Erkrankung, wie die eingangs genannten Beispiele mit Schlaganfall oder Multipler Sklerose, sondern auch um Krankheiten, die während der Pflege entstehen können. Es gilt z.B. zu erkennen, wann ein Soor (Mundfäule) oder Dekubitus (Wundliegen) entsteht, und wie dieses vermieden werden kann.

Daneben gibt es auf Wunsch auch Spezialkurse zu speziellen Krankheiten, wie Demenz oder Parkinson und anderen Erkrankungen.

Solche Pflegekurse sind eine gute Möglichkeit, um sich mit anderen pflegenden Angehörigen auszutauschen. Die Kommunikation mit Gleichgesinnten über Erfahrungen und Probleme ist sehr wertvoll und hilft dabei, ein eigenes Netzwerk für die Pflegeaufgaben aufzubauen.

Alternativ kann eine **Pflegeschulung** in der eigenen Wohnung erfolgen. Solche individuellen Schulungen sind besonders hilfreich, wenn z. B. der Gebrauch von Pflegehilfsmitteln und Hilfsmitteln in der gewohnten Umgebung der*s Pflegebedürftigen vermittelt werden soll.

Vorteile von Pflegekursen oder Pflegeschulungen

- Aktuelles pflegerisches Wissen wird direkt von Profis vermittelt
- Anwendungsbezogenes praktisches Erlernen von Handgriffen in der Pflege und Betreuung
- Informationen über die Grundlagen der Pflegeversicherung und Möglichkeiten der Leistungsnutzung
- Beratung zu Hilfsmitteln und Reha-Maßnahmen
- Beratung zur Verminderung körperlicher und seelischer Belastungen durch die Pflege – für Pflegende und Pflegebedürftige
- Ausbau des eigenen Netzwerks
- Kosten trägt die Pflegekasse

2.4.2. Ambulante Betreuung oder Pflege

Professionelle Unterstützung bekommt man von Pflegediensten und/oder Betreuungsdiensten. Bevor Sie einen solchen Dienstleister kontaktieren, sollten Sie überlegen, welche Hilfeleistung im Einzelnen benötigt wird. Beraten Sie sich mit Angehörigen und ggf. dem Hausarzt und klären Sie ab, wie die notwendige Hilfe erbracht werden kann:

- Was können Familienmitglieder und Freunde leisten?
- Wie können Bekannte und Nachbarn helfen?
- Was könnte ein Betreuungsdienst machen?
- Wofür wird ein Pflegedienst benötigt?
- Wie könnte eine private Pflegekraft eingesetzt werden?

Professionelle Betreuungs- oder Pflegedienste und private Pflegekräfte müssen bestimmte Qualitätsanforderungen erfüllen, um zugelassen zu werden. Zur Abrechnung mit der Pflegekasse muss also eine entsprechende Bescheinigung vorliegen. Im Idealfall hat der*die Dienstleister*in bereits einen Versorgungsvertrag mit der Pflegekasse.

Leistungs- und Preisvergleichslisten über zugelassene Pflegedienste können bei den Pflegekassen kostenfrei angefordert werden. Diese sind auch im Internet abrufbar.

Definitionen und Erklärung:

Betreuung und Betreuungsdienst

Unter **Betreuung** fallen Dienstleistungen wie z.B. Spaziergänge, Vorlesen, Unterstützung bei der Kommunikation, Erinnerungshilfen, Handarbeit, Spiele, Ausflüge, Gespräche und Hilfen bei der Haushaltsführung.

Es gibt hierfür den häuslichen **Betreuungsdienst** mit dem Schwerpunkt Betreuung, Begleitung und hauswirtschaftliche Versorgung. Die Betreuungskräfte helfen auch unterstützend bei der Grundpflege, übernehmen aber i.d.R. keine medizinische Versorgung. Der Leistungsumfang der Betreuungsdienste entspricht in vielerlei Hinsicht den Leistungen der zusätzlichen Betreuungskräfte in Pflegeheimen.

Die Betreuungsleistungen durch Betreuungsdienste sind als Regelleistung über die Pflegeversicherung abrechenbar (Sachleistung). Die Nutzer von Betreuungsdiensten haben einen Anspruch auf eine Beratung nach §37 Absatz 3 SGB XI. Sie können auch eine Pflegeberatung nach §7a nutzen, um so z.B. gemeinsam mit einem Pflegeberater ihren Hilfebedarf systematisch zu erfassen, einen individuellen Versorgungsplan zu erstellen und so die jeweils erforderlichen Hilfemaßnahmen möglichst passgenau zu erhalten.

Pflege und Pflegekräfte

Die **Pflege** beinhaltet Tätigkeiten, die nur von **Pflegekräften,** also ausgebildeten Kranken- oder Altenpflegern*innen, ausgeführt werden dürfen. Hierbei handelt es sich beispielsweise um Grundpflege, Behandlungspflege und die medizinische Versorgung (Medikamentengabe, Injektionen, Verbandswechsel).

Die häusliche Pflege wird allgemein in Grundpflege und Behandlungspflege unterteilt. Zur Grundpflege zählen Tätigkeiten wie Körperpflege, Hilfe bei der Nahrungsaufnahme und die Hilfe beim Toilettengang. Bei der Behandlungspflege handelt es sich um Tätigkeiten, die von einem*einer Arzt*Ärztin verordnet werden. Die verschriebenen Maßnahmen sollen den Gesundheitszustand verbessern oder eine Verschlechterung verhindern.
Aufgrund der ärztlichen Verordnung der Behandlungspflege-Maßnahmen werden diese mit der Krankenversicherung abgerechnet.

Hinweis

Wenn Sie unsicher sind bezüglich der Zertifizierungen des Dienstes, so fragen Sie nach dem eigenen Qualitätsmanagement (QM) - Handbuch, oder ob z.B. der MDK bzw. die PKV bereits die Standards der ausgesuchten Dienstleister bewertet hat.

Ambulanter Pflegedienst

Ein passender ambulanter Dienst kann nach eigenen Wünschen und Bedürfnissen ausgewählt werden.

Dies ist gerade für körpernahe Dienstleistungen wie z.B. Duschen, Haare waschen o.ä. wichtig, da Aspekte der Sympathie zwischen Pflegebedürftigem und Pflegendem im Idealfall berücksichtigt werden sollten. Dies trifft ebenfalls auf Betreuungsleistungen bei z.B. Demenzkranken zu.

Falls die eigene Suche nicht auf Anhieb erfolgreich ist, fragen Sie bei den Kranken- bzw. Pflegekassen oder örtlichen sozialen Diensten nach. Auch Bekannte, Nachbarn oder Ansprechpartner aus der Kirchengemeinde können Auskunft über Erfahrungen mit verschiedenen Anbietern geben.

Wurde ein geeigneter Dienstleister gefunden, sollte eine persönliche **Betreuungs-** bzw. **Pflegeplanung** aufgestellt werden. Hier geht es darum aufzulisten, welche Tätigkeiten wann und wie oft ausgeführt werden sollen. So erhalten Sie Planungssicherheit und können die erbrachten Leistungen ordentlich abrechnen. Auch die Kosten sollten erfragt werden, da es hier große Unterschiede geben kann.

In einem **Vertrag** werden die Vereinbarungen zwischen dem Pflegebedürftigen und dem Betreuungs- oder Pflegedienst schriftlich festgehalten. Er ist die Grundlage für die Zusammenarbeit mit einem ambulanten Dienst und sollte Leistungen, Kosten, Haftungsregelungen und Kündigungsfristen enthalten. Sprechen Sie Ihre Pflegekasse an, ob ein Mustervertrag zur Verfügung steht.

Hinweis

Kündigungsfristen für Pflegekunden sind unwirksam
Der Bundesgerichtshof hat in seinem Urteil vom 09.06.2011 – III ZR 203/10 entschieden, dass die in einem Pflegevertrag enthaltene Klausel, der Kunde könne den Pflegevertrag mit einer Frist von 14 Tagen ordentlich kündigen, den Pflegebedürftigen unangemessen benachteilige und deshalb unwirksam ist.
Pflege ist eine Vertrauenssache - mit dem tätigen Pflegedienst ist man daher sicher auch auf Vertrauensbasis moralisch verbunden. Daher empfiehlt es sich, vor einer schriftlichen Kündigung das Gespräch zu suchen.

Wichtige Aspekte für den Pflegevertrag

- Lassen Sie sich einen schriftlichen Pflegevertrag aushändigen
- Der Pflegevertrag sollte detailliert die vereinbarten Leistungen und Kosten enthalten
- Pflegebedürftige können einen Pflegevertrag jederzeit fristlos und ohne Begründung schriftlich kündigen, auch wenn der Vertrag eine andere Klausel enthält.
- Für die Kündigung durch den Pflegedienst sollte im Pflegevertrag eine möglichst lange Frist vereinbart werden.
- Der Pflegedienst haftet für leicht fahrlässig verursachte Personenschäden oder wenn er den Wohnungsschlüssel verloren hat.
- Für Zeiten, an denen der Pflegekunde nicht zu Hause ist, weil er*sie beispielsweise im Krankenhaus liegt, sollte der Pflegevertrag ruhen.

(Quellen: Verbraucherzentrale, www.pflegevertraege.de)

Das Wichtigste noch mal zusammengefasst

- Überlegen Sie, welche Aufgaben abgegeben werden sollen
- Suchen Sie hierfür geeignete Dienstleister für Betreuungs- und Pflegeaufgaben
- Erfragen Sie die jeweilige Qualifikation/Zertifizierung des Dienstleisters
- Lassen Sie sich einen Mustervertrag von Ihrer Pflegekasse geben
- Erstellen Sie eine Leistungs- und Kostenübersicht mit der Betreuungs-/Pflegekraft
- Erstellen Sie einen Pflegeplan mit Häufigkeiten und Zeiten für die jeweiligen Maßnahmen mit der Betreuungs-/Pflegekraft
- Das Muster für ein Pflegetagebuch ist auf Seite 73 abgedruckt.

2.4.3. Die private Pflegekraft zu Hause

Es gibt eine Vielzahl von Angeboten privater Pflegekräfte und verschiedene Möglichkeiten eine solche einzustellen. Hier steht man schnell vor vielen Fragen – wie kommt man an eine geeignete Pflegekraft, kann man jemanden aus dem Ausland nehmen, wie hoch sind die Kosten, sind geeignete Wohnmöglichkeiten vorhanden usw.?

Wie findet man eine private Pflegekraft:

Bei der Suche nach einer privaten Pflegekraft können Organisationen oder Vermittlungsagenturen helfen. Auch Stellenbörsen und das eigene private Netzwerk sind gute Ressourcen. Fragen Sie Freunde, Verwandte, Bekannte. Vielleicht haben diese bereits Erfahrung mit der privaten Pflegekraft gesammelt und können Tipps geben.

Kleinanzeigenbörsen, Stellenportale im Internet, Anzeigen in der regionalen Zeitung oder das Arbeitsamt sind ebenfalls gute Quellen für die Kontaktaufnahme mit potentiellen Fachkräften. Für Teilzeitkräfte eignen sich besonders regionale Stellenbörsen, da die Pflegekräfte in der Nähe wohnen sollten.

Was kostet eine private Pflegekraft:

Je nach benötigter Leistung können die Preisdifferenzen enorm sein. Ausländische Pflegekräfte sind wahrscheinlich günstiger als hiesige, da es im Ausland ein anderes Lohnniveau gibt. Horchen Sie auf, wenn eine 24-Stunden-Pflegekraft weniger als 2000,– € im Monat kostet. In der Regel kostet eine 24h-Betreuung mehrere Tausend Euro im Monat, wenn alles nach Vorschrift läuft.

Weitere Kosten entstehen, wenn die Pflegekraft mit bei Ihnen wohnt.

Aspekte der Legalität und Rechtssicherheit

Wenn eine Pflegekraft privat eingestellt wird, müssen die deutschen Arbeitgebergesetze beachtet und eingehalten werden.

Klären Sie rechtzeitig ab, welche Tätigkeiten die Pflegekraft ausführen soll. Wenn die Arbeit hauptsächlich im Bereich der Grundpflege angesiedelt ist, so steht dem*der Angestellten der deutsche Mindestlohn zu.

Auch in anderen Ländern gilt ein Mindestlohn, an den Sie bzw. die Vermittlungsagenturen sich halten müssen.

Eine Arbeitskraft aus dem Ausland unterliegt oftmals anderen Gesetzen. Vermittlungsagenturen, die Arbeitnehmer z.B. aus dem Ausland senden, sollten eine A1-Bescheinigung haben. Diese dokumentiert, dass die Pflegekraft in ihrem Heimatland eine ordnungsgemäße Sozialversicherung hat.

Hinweis

Lassen Sie sich die Originalbescheinigung zeigen, damit auch Sie Rechtssicherheit haben.

Der **Arbeitsvertrag** zwischen Pflegekraft und Agentur muss während des gesamten Entsendezeitraumes gültig sein. Das bedeutet, dass das **Weisungsrecht** der Vermittlungsagentur obliegt und nicht der Familie, die diese Pflegekraft einsetzt.

Wird das Weisungsrecht von der Familie in Deutschland ausgeübt, so muss diese **Sozialabgaben** etc. nach deutschem Recht abführen. Lassen Sie sich im Zweifel juristisch beraten.

Weiterführende Beratung erhalten Sie beim Bundesverband Europäischer Betreuungs- und Pflegekräfte (BEBP e.V.).

Das Wichtigste noch mal zusammengefasst

- Lassen Sie sich die Qualifikation der Pflegekraft nachweisen
- Erkundigen Sie sich, wie oft das Pflegepersonal wechselt
- Bereiten Sie sich darauf vor, dass 24-h-Arbeitskräfte bei Ihnen wohnen werden
- Vergleichen Sie die Kosten verschiedener Pflegekräfte bzw. der Vermittler
- Falls Sie jemanden selbst einstellen, werden Sie zum Arbeitgeber. Lassen Sie sich über Rechte und Pflichten aufklären.
- Falls Sie über eine Organisation oder Agentur eine Pflegekraft engagieren, gehen Sie in der Regel mit dem Vermittler einen Vertrag ein. Lassen Sie sich auch hier über Ihre Rechte und Pflichten aufklären.
- Der Bundesverband Europäischer Betreuungs- und Pflegekräfte (BEBP e.V.) berät Sie kostenfrei bei weiteren Fragen.
- Bei weiterführenden Fragen sprechen Sie mit einem Rechtsanwalt und Steuerberater, um Ihre Situation zu sichern.

2.5. Das eigene Zuhause umgestalten

Wohnumfeldverbessernde Maßnahmen dienen dazu, die Selbstständigkeit des*der Pflegebedürftigen zu unterstützen bzw. zu erhalten und die Pflege zu Hause zu ermöglichen und zu erleichtern. Unter bestimmten Voraussetzungen werden Zuschüsse von der Pflegekasse gewährt.

Hierfür muss zunächst ein Antrag gestellt werden. Dies kann auf verschiedenen Wegen erfolgen: Als schriftliche Empfehlung einer Pflegefachkraft im Rahmen der Pflegeberatung (siehe Seite 16), in einem schriftlichen Gutachten des MDK bzw. von MEDICPROOF zur Pflegebedürftigkeit oder in einem schriftlichen Antrag an die Pflegekasse.

Es gibt eine Reihe förderfähiger Maßnahmen. Hierzu zählen Anpassungen (z.B. Treppenlift), Eingriffe in die Bausubstanz (z.B. Austausch Badewanne), der Einbau technischer Hilfen im Haushalt (z.B. motorische Höhenverstellung von Schränken) oder ein Umzug in eine den Pflegebedürfnissen angepasste Wohnung.

Einzel-Maßnahmen sind dabei mit bis zu 4.000,– € förderfähig. Was ist damit nun gemeint:

Ein Beispiel:

Herr Mustermann hatte einen Schlaganfall. Er wurde in PG 2 eingestuft. Die Pflegeberatung hat ergeben, dass eine barrierefreie Dusche für Herrn Mustermann wichtig ist und umgesetzt werden soll. Dazu muss das Bad umgebaut werden. Der Kostenvoranschlag beziffert 4.100,– €. Daneben sind aber auch die Veränderungen in der Küche notwendig, hierfür werden 3.000,– € veranschlagt.

Die Pflegekasse gewährt für die Umbauten insgesamt einen Zuschuss von 4.000,– €.

Küchen- und Badanpassung werden also als eine Maßnahme bewertet.

Nun tritt bei Herrn Mustermann eine Verschlechterung des Gesundheitszustandes ein. Sein PG wird neu bewertet, er erhält PG 3. Wegen der gesundheitlichen Verschlechterung ist Herr Mustermann nun auf den Rollstuhl angewiesen. Es sind weitere Wohnraumanpassungen nötig, um die Wohnung rollstuhlgerecht zu machen. Aufgrund des neuen PGs und der neuerlichen Pflegeberatung/MDK-Gutachten kann jetzt ein weiterer Maßnahmenantrag gestellt werden. Im Idealfall werden nochmals 4.000,– € Zuschüsse bewilligt.

Zwischenzeitlich hat Frau Mustermann, die ihren Mann bisher pflegerisch unterstützt hat, selbst gesundheitliche Probleme und einen PG 2 erhalten. Auch sie kann jetzt einen Antrag stellen, um das Wohnumfeld zu verbessern.

Die beiden Maßnahmen können kombiniert werden, wenn beide Eheleute in derselben Pflegekasse sind.

An diesem Beispiel zeigt sich deutlich die Komplexität der Bestimmungen. Sprechen Sie daher auf jeden Fall mit Ihrer Pflegekasse, um die optimale Lösung und geeignete Verbesserungen für das Wohnumfeld zu finden. Die Mitarbeiter*innen der Pflegekassen sind sehr hilfsbereit und geschult, um mögliche Anpassungen mit Ihnen zu besprechen.

Eine Liste der Maßnahmen zur Verbesserung des Wohnumfelds findet sich im Anhang D auf Seite 76.
Es gibt zudem Vereine, die eine Vielzahl an Informationen bereit halten, wie z.B.: www.online-wohn-beratung.de oder Firmen, die sich auf barrierefreie Umbaumaßnahmen spezialisiert haben.

Neben der Förderung durch die Pflegekassen können staatliche Förderungen für barrierearmes bzw. barrierefreies Wohnen beantragt werden. Informationen hierzu bietet das KfW unter www.kfw.de/inlandsfoerderung/Privatpersonen.

Hinweis

Falls bauliche Maßnahmen geplant sind, klären Sie ggf. mietrechtliche Fragen rechtzeitig mit dem Vermieter ab.

3. Palliativpflege

Bei dieser Pflegeleistung handelt es sich um eine **Rundum-Pflege** von Patienten, bei denen die Patienten auf eine kurative Behandlung nicht mehr ansprechen. Die Palliativversorgung kann für ältere Menschen hilfreich sein und auch bei Krankheiten wie beispielsweise Krebs können Teilbereiche der Palliativpflege helfen, dem Patienten das Leben zu erleichtern.

Diese spezielle Pflege ist nicht mehr nur auf die medizinische Versorgung ausgerichtet.
Bei einer Palliativversorgung wird der Patient sowohl im psychologischen als auch im medizinischen Bereich betreut. So sorgen die Pflegekräfte dafür, dass Schmerzen kontrolliert bzw. ausgeschaltet werden und stehen als Ansprechpartner bei psychologischen oder sozialen Problemen zur Seite. Das **Ziel der Pflege** ist es, für den Patienten und auch für seine Angehörigen ein **Höchstmaß an Lebensqualität** zu erreichen.

Gerade dann, wenn die voraussichtliche Lebenszeit nur noch eine kurze Spanne beträgt, benötigen Patienten wie auch Angehörige meist seelischen Beistand. Mit geschultem Palliativpflegepersonal über die Ängste sprechen zu können, ist oftmals eine große Erleichterung für die Patienten, die Angehörige nicht mit ihren Gedanken „belasten" möchten. Auch die Angehörigen können ihre Sorgen mit einem nicht unmittelbar betroffenen Menschen teilen, der ihnen in dieser emotionalen Ausnahmesituation zur Seite steht.

Für Palliativpatienten gibt es verschiedene Versorgungsoptionen, die je nach Wunsch und medizinischem Versorgungsbedarf **ambulant oder stationär** erfolgen können.

3.1. Ambulante Palliativpflege

Wird eine Behandlung in der gewohnten Umgebung bevorzugt, kann ein Palliativpflegedienst die ambulante Versorgung übernehmen. Hierfür benötigen Sie eine spezielle Verordnung (SAPV – Verordnung spezialisierter ambulanter Palliativversorgung) vom Hausarzt oder dem zuständigen Spezialisten. Der beauftragte Pflegedienst verschafft sich zeitnah einen Eindruck vom aktuellen Pflegebedarf des Patienten und stellt den Kontakt zu einem Palliativmediziner her, der beispielsweise die Versorgung mit Schmerzmedikamenten gewährleistet.

Der Pflegedienst ist rund um die Uhr telefonisch erreichbar, gibt Hilfestellung bei allen Fragen, die den Patienten und seinen Zustand betreffen und koordiniert Besuche des Palliativarztes.

3.2. Stationäre Palliativversorgung

Ist eine Versorgung des Patienten in der häuslichen Umgebung nicht (mehr) möglich, könnte eine Verlegung auf eine Palliativstation erfolgen. Hierfür gibt es deutschlandweit derzeit ca. 300. Hierbei handelt es sich um Einrichtungen, die an ein Krankenhaus angegliedert und auf die Begleitung von Patienten mit begrenzter Lebenszeit und deren Angehörigen spezialisiert sind. Patienten werden entweder von einer anderen Station desselben oder eines anderen Krankenhauses auf die Palliativstation verlegt oder vom Hausarzt überwiesen.

In den meisten Palliativeinrichtungen können Angehörige auf Wunsch auch übernachten.

Ist eine palliative Versorgung oder Pflege vom behandelnden Arzt verordnet, kann auch die Verlegung in ein Hospiz erfolgen. Dort ist alles auf die Versorgung schwerstkranker und sterbender Menschen ausgerichtet, bei denen eine häusliche Versorgung nicht geleistet werden kann.

Im Mittelpunkt steht der schwerkranke und sterbende Patient mit seinen Wünschen und Bedürfnissen. Ziel ist es, diese zu erfüllen und dem Sterbenden einen möglichst angenehmen Abschied in harmonischer Umgebung und ohne Angst zu ermöglichen.

Auch um die Angehörigen kümmern sich die Hospizmitarbeiter*innen. Angehörige werden beraten, in die Betreuung des Patienten einbezogen und können rund um die Uhr bei ihm bleiben.

Vorteilhaft kann hierbei sein, dass der*die Pflegebedürftige und auch der*die Pflegende nicht mehr in der „alleinigen“ Verantwortung für das Gelingen der Pflegebeziehung stehen. Der*die Pflegebedürftige kann ganz bei sich sein und die Angehörigen wissen den Kranken in ständiger professioneller Obhut.

Die Deutsche Gesellschaft für Palliativpflege hat mit dem Wegweiser für Hospiz- und Palliativversorgung Deutschland eine Plattform für Angehörige geschaffen, die auf der Suche nach Palliativstationen und Palliativpflegediensten sowie ambulanten oder stationären Hospizdiensten sind.

www.wegweiser-hospiz-palliativmedizin.de

Zweiter Teil
Die Situation für die Angehörigen

Die Situation für die Angehörigen

Angehörige müssen bei einem plötzlichen Pflegefall zügig reagieren, viele Entscheidungen treffen und Dinge organisieren. Für die kurzfristig umzusetzenden Aufgaben ist es hilfreich Checklisten und Adressen zur Hand zu haben. Die Übernahme von mittel- bis langfristigen pflegerischen Aufgaben erfordert meist das Anpassen des eigenen Lebens. Es ist eine große Herausforderung, das eigene Leben, Beruf, Familie und einen Pflegefall gleichzeitig zu meistern. Umso wichtiger ist es, zu wissen, welche Möglichkeiten der Absicherung und Unterstützung es gibt und welche Entlastungsmöglichkeiten man in Anspruch nehmen kann.

Heute werden pflegende Angehörige als wichtige Säule im deutschen Pflegesystem anerkannt und unterstützt. Der Gesetzgeber hat über das Pflegezeitgesetz (PflegeZG) und das Familienpflegegesetz (FPfZG) Voraussetzungen geschaffen, um die Vereinbarkeit von Pflege und Beruf zu fördern. Die Pflegestärkungsgesetze (PSG 1-3) helfen, die Prozesse zu Entbürokratisieren.

Aus der Pflegegesetzgebung ergeben sich verschiedene Ansprüche für pflegende Angehörige. Diese betreffen über eine Arbeits-Freistellung die zeitliche Vereinbarkeit von Arbeit und Pflege sowie die soziale Absicherung der Pflegeperson.

4. Leistungen für pflegende Angehörige

Ansprüche nach dem Pflegezeitgesetz (PflegeZG)

Das Pflegezeitgesetz wurde mit dem Ziel eingesetzt, Beschäftigten die Möglichkeit zu eröffnen, pflegebedürftige nahe Angehörige in häuslicher Umgebung zu pflegen und damit die Vereinbarkeit von Beruf und familiärer Pflege zu verbessern.

Daraus ergeben sich verschiedene Formen der Freistellung für berufstätige, pflegende Angehörige. Diese können auch miteinander kombiniert werden.

Die gesamte Dauer der Freistellung ist auf zwei Jahre begrenzt.

4.1. Kurzfristige Arbeits-Freistellung: Kurzzeitige Arbeitsverhinderung (§2 PflegeZG)

Pflegenden Angehörigen steht eine unentgeltliche Freistellung von 10 Arbeitstagen bei einem plötzlichen Pflegefall zu. So ähnlich, wie Eltern zusätzliche arbeitsfreie Tage für die Betreuung erkrankter Kinder nehmen können, erhalten berufstätige Angehörige beim Eintreten eines Pflegefalles eine unentgeltliche Freistellung für die kurzfristige Arbeitsverhinderung.
Der Arbeitgeber sollte schnellstmöglich vom Arbeitnehmer darüber informiert werden.

In Abhängigkeit vom Arbeitsvertrag kann es eine Entgeltfortzahlung aus tariflichen oder betrieblichen Regelungen geben. Ist dies nicht der Fall, kann der Angehörige hierzu ein Pflegeunterstützungsgeld (Lohnersatzleistung) bei der Pflegeversicherung beantragen (§44a SGB XI). Dies sollte zügig nach Eintreten der Pflegesituation erfolgen. Man kann zunächst telefonisch den Antrag anfordern, oder ihn online bei der Pflegeversicherung herunterladen.

Zum Ausgleich der Einkommenseinbuße erhalten Sie während Ihrer Auszeit ein Pflegeunterstützungsgeld in Höhe von 90 Prozent Ihres Nettolohns. Maximal beträgt das Pflegeunterstützungsgeld für das Jahr 2021 pro Kalendertrag 112,88 €.

Dies errechnet sich als 70 % der Beitragsbemessungsgrenze nach §223 Abs. 3 SGB V in der Krankenversicherung von derzeit 161,25 € pro Tag.

Aus dem Pflegeunterstützungsgeld müssen – wie aus Ihrem Lohn oder Gehalt auch – Beiträge zur Arbeitslosen- sowie zur Renten- und Krankenversicherung geleistet werden. Ist der Pflegebedürftige gesetzlich krankenversichert, werden diese Beiträge zur Hälfte von der Pflegekasse bzw. dem privaten Pflegeversicherungsunternehmen getragen. Die andere Hälfte zahlt der Leistungsempfänger des Pflegeunterstützungsgeldes. Privat Krankenversicherte erhalten auf Antrag Zuschüsse zur Krankenversicherung. Für Beamte gelten besondere Regelungen, bitte erkundigen Sie sich bei Ihrem Arbeitgeber.

Arbeitgeber können den Antrag auf Pflegezeit jedoch ablehnen, wenn das Unternehmen maximal bis zu 15 Beschäftigte hat. Versuchen Sie eine Vereinbarung auf freiwilliger Basis zu treffen.

4.2. Mittelfristige Arbeits-Freistellung: Pflegezeit (§3 und §4 PflegeZG)

Zur häuslichen Pflege eines Familienmitgliedes kann eine Auszeit (ganz oder Teilzeit) von bis zu sechs Monaten genommen werden. Der Arbeitgeber muß hierüber 10 Tage im voraus schriftlich informiert werden. Die Pflegebedürftigkeit des Angehörigen muss dem Arbeitgeber belegt werden. Ein gesetzlicher Anspruch auf Pflegezeit haben Angestellte in Unternehmen, die mehr als 15 Mitarbeiter haben. In kleineren Unternehmen können freiwillige Vereinbarungen über die Pflegezeit getroffen werden.

Für die Betreuung minderjähriger pflegebedürftiger naher Angehöriger, auch in außerhäuslicher Umgebung, besteht ebenfalls die Möglichkeit einer teilweisen oder vollständigen Freistellung.

Um einen pflegebedürftigen nahen Angehörigen in der letzten Lebensphase zu begleiten, kann eine dreimonatige Auszeit genommen werden, teilweise oder vollständig.

4.3. Langfristige Arbeits-Freistellung: Familienpflegezeit (FamilienpflegeZG)

Das Familienpflegezeit erlaubt Beschäftigten ihre wöchentliche Arbeitszeit für maximal 24 Monate auf bis zu 15 Stunden reduzieren, wenn sie einen pflegebedürftigen nahen Angehörigen in häuslicher Umgebung pflegen. Diese Regelung gilt ab 25 Beschäftigten, bei kleineren Firmen sollten Sie eine Vereinbarung auf freiwilliger Basis treffen.

Neben der Pflege eines pflegebedürftigen nahen Angehörigen in häuslicher Umgebung wird auch die außerhäusliche Betreuung eines pflegebedürftigen minderjährigen Kindes einbezogen. Dies gilt auch für die Begleitung von nahen Angehörigen in der letzten Lebensphase.

Übersicht zu den Formen der Freistellung

1. **Kurzzeitige Arbeitsverhinderung (§2 PflegeZG)**
   - bis 10 Tage
   - kurzfristig, ohne vorherige Ankündigung beim Arbeitgeber
   - im akuten Pflegefall
   - sozialabgabenpflichtiges Pflegeunterstützungsgeld von max. 112,88 € pro Kalendertag

2. **Pflegezeit (§3 PflegeZG)**
   - bis zu sechs Monate Freistellung vom Beruf (teilweise oder vollständig)
   - bis zu drei Monate für die Begleitung der letzten Lebensphase des Angehörigen
   - Ankündigungsfrist beim Arbeitgeber 10 Tage
   - zinsloses Darlehen beim Bundesamt für Familie und zivilgesellschaftliche Aufgaben
   - Kündigungsschutz

3. **Familienpflegezeit (§2 und §3 FamilienpflegeZG)**
   - bis zu 24 Monate – teilweise Freistellung vom Beruf (die eigene berufliche Tätigkeit ist auf eine wöchentliche Arbeitszeit von 15h reduzierbar)
   - Ankündigungsfrist beim Arbeitgeber 8 Wochen
   - zinsloses Darlehen beim Bundesamt für Familie und zivilgesellschaftliche Aufgaben
   - Kündigungsschutz

Kündigungsschutz besteht während der Pflegezeit und auch während der Familienpflegezeit. Zum Zeitpunkt der Ankündigung des Freistellungswunsches beginnt der Kündigungsschutz, maximal 12 Wochen vor Beginn der Freistellung. Der Kündigungsschutz endet mit der Rückkehr in den Beruf.
Abweichungen hiervon müssen von der obersten Landesbehörde für Arbeitsschutz genehmigt werden.

4.4. Finanzielle Unterstützung durch ein zinsloses Darlehen

Beschäftigte, die nach dem Pflegezeitgesetz eine Auszeit nehmen, haben Anspruch auf Förderung durch ein zinsloses Bundesdarlehen.

Das Darlehen kann direkt beim Bundesamt für zivilgesellschaftliche Aufgaben beantragt werden. Es wird in monatlichen Raten ausgezahlt und deckt grundsätzlich die Hälfte des durch die Arbeitszeitreduzierung fehlenden Nettogehalts ab. Im Anschluss an die Freistellung ist das Darlehen in monatlich gleichen Raten innerhalb von 48 Monaten zurückzuzahlen.

Auch Beschäftigte aus Unternehmen, in denen eine freiwillige Vereinbarung getroffen wurde, haben einen Anspruch auf Förderung durch das zinslose Darlehen.

Auskunft dazu gibt das Bundesamt für Familie und zivilgesellschaftliche Aufgaben (BAFzA).

Die monatlichen Darlehensraten werden in Höhe der Hälfte der Differenz zwischen den pauschalierten monatlichen Nettoentgelten vor und während der Freistellung nach Absatz 1 gewährt.

4.5. Soziale Absicherung während der Pflegezeit

Wenn Sie die Arbeitszeit während einer Pflegezeit vollständig reduzieren (vollständige Auszeit), endet die Versicherungspflicht aus Ihrer bisherigen Beschäftigung zum letzten Tag der Lohn- oder Gehaltszahlung. Sie sind dann nicht mehr als Beschäftigter kranken-, renten- und arbeitslosenversichert.

Aber auch während der Pflegezeit müssen Sie kranken- und pflegeversichert sein. Ihre Krankenkasse prüft deshalb, ob Sie Anspruch auf eine kostenlose Familienversicherung haben. Falls dies nicht möglich ist, müssen Sie sich freiwillig weiterversichern. In diesem Fall können Sie bei der Pflegekasse bzw. dem privaten Pflegeversicherungsunternehmen Ihres Angehörigen beantragen, dass diese(s) die Beiträge zur Kranken- und Pflegeversicherung bis zur Höhe des Mindestbeitrags übernimmt.

Während der Pflegezeit können Sie sich auch in der Renten- und Arbeitslosenversicherung absichern lassen. Die Pflegekasse/das private Pflegeversicherungsunternehmen Ihres Angehörigen übernimmt dafür die Beitragszahlung, wenn die Voraussetzungen zur sozialen Sicherung der Pflegeperson erfüllt sind. Dazu müssen Sie für zehn Stunden wöchentlich an mindestens zwei Tagen die Pflege im häuslichen Umfeld übernehmen.

Hinweis

Bei der sozialen Absicherung pflegender Angehöriger übernimmt auch die Pflegeversicherung des Pflegebedürftigen unter bestimmten Voraussetzungen verschiedene Leistungen (Pflegestärkungsgesetze). So werden in Abhängigkeit vom Pflegegrad des Pflegebedürftigen, von der Anzahl Wochen-Pflegestunden sowie von der Erwerbstätigkeit und dem Alter des Pflegenden Beiträge zur Kranken-, Renten-, Pflege-, Unfall-, und Arbeitslosenversicherung gezahlt. Lassen Sie sich dazu bitte bei der Pflegekasse des Pflegebedürftigen beraten.

5. Verhinderung der Pflegeperson

Auch pflegende Angehörige benötigen Auszeiten – weil sie selbst Arztbesuche oder einen Krankenhausaufenthalt haben, um zur Kur oder in Urlaub zu fahren, um Freunde oder Verwandte zu besuchen, um auszuspannen oder aus sonstigen unerwarteten kurzfristigen Gründen.

Nun stellt sich die Frage, wie dies mit der Pflege des Angehörigen zu vereinbaren ist. Hier bieten sich die in der Pflegegesetzgebung verankerten Möglichkeiten der Verhinderungspflege (§39 SGB XI) oder der Kurzzeitpflege für Pflegebedürftige mit Pflegegrad 2-5 an.

5.1. Verhinderungspflege (§39 SGB XI)

Wird ein pflegebedürftiger Mensch von Angehörigen, Verwandten oder Freunden gepflegt, und muss die Pflege für eine gewisse Zeit von Ersatzpflegepersonen ausgeführt werden, so heißt das „Verhinderungspflege“. Die Verhinderungspflege ist auf 42 Kalendertage (6 Wochen) pro Jahr begrenzt. Die Pflegekassen unterstützen die Verhinderungspflege mit einem Kostenbeitrag von derzeit 1612,– € pro Kalenderjahr.

Voraussetzung für den Anspruch auf Verhinderungspflege ist, dass der zu Pflegende im Vorhinein mindestens sechs Monate durch eine private Pflegeperson betreut wurde. Der Beginn dieser Pflegezeit entspricht meist dem Zeitpunkt der Genehmigung des Pflegegrades.

Tritt ein erneuter Fall ein, der eine Pflegevertretung erfordert, entfällt jedoch die 6monatige Wartezeit.

Die Leistungen der Verhinderungspflege müssen nicht im Voraus von der Pflegekasse genehmigt werden. Um die Leistungen der Pflegekasse zu erhalten reicht es, alle Belege und Nachweise zu den Aufwendungen zu sammeln. Diese reichen Sie dann später bei der Pflegekasse ein.

Bei der Verhinderungspflege wird nach regulärer Verhinderungspflege und nach stundenweiser Verhinderungspflege unterschieden.
Die Nutzung der verschiedenen Formen der Verhinderungspflege hat Auswirkungen auf die Zahlung des Pflegegeldes.

Reguläre Verhinderungspflege

Die reguläre Verhinderungspflege ist so definiert, dass sie länger als 8 Stunden pro Tag in Anspruch nimmt, dass sie zeitlich begrenzt ist auf 6 Wochen pro Jahr und dass das Pflegegeld für den Zeitraum der Verhinderungspflege gekürzt wird. Auch die Pflegesachleistungen werden angepasst.

Stundenweise Verhinderungspflege

Werden nur ein paar Stunden einer Ersatzpflege benötigt, z.B. für einen Arztbesuch, einen Frisör- oder Theaterbesuch, Behördengänge, oder einfach so zum Ausspannen, dann ist eine stundenweise Verhinderungspflege für kurze Auszeiten möglich. Das Pflegegeld wird hierdurch nicht gekürzt.

Die stundenweise Verhinderungspflege ist so definiert, dass sie pro Tag weniger als 8 Stunden dauert. Die Ersatzpflege unter 8 Stunden wird nicht auf die regulären Verhinderungstage (Kap. 6.4.1.1.) angerechnet!

Beispiel:
Sie als betreuende Person pflegen Ihre Ehefrau. Heute nehmen Sie sich eine Auszeit und fahren mit Ihrer Tochter zu einem Einkaufsbummel mit Abendessen. Insgesamt sind Sie von mittags bis abends außer Haus. Während Ihrer Abwesenheit wird ein Pflegedienst benötigt, der 3 x für jeweils 1 Stunde für Sie in der häuslichen Umgebung die Verhinderungspflege ausübt (also insgesamt 3 Stunden). Da Sie insgesamt 9 Stunden außer Haus waren, werden alle Leistungen nach einem Tag regulärer Verhinderungspflege abgerechnet, auch wenn der Pflegedienst nur 3 Stunden Ersatzpflege leistete.
Das Pflegegeld wird gekürzt und die Verhinderungspflegezeit von max. 42 Tagen pro Jahr wird ebenfalls angerechnet.
Wenn es sich einrichten lässt, sollte die Zeit außer Haus unter 8 Stunden sein, um den Ausgleich für stundenweise Verhinderungspflege zu erhalten.

Hinweis

Berechnungsgrundlage für die stundenweise Verhinderungspflege ist nicht, wie lange z.B. ein Pflegedienst, eine Privatperson usw. die Verhinderungspflege ausübt, sondern wie lange Sie als regulär pflegende Person abwesend sind.

5.2. Kurzzeitpflege

Ist der pflegende Angehörige verhindert, so kann auch eine Kurzzeitpflege in Anspruch genommen werden. So können Pflegebedürftige im Rahmen der Kurzzeitpflege vollstationär versorgt werden, wenn sie vorübergehend einer 24-h-Pflege bedürfen – z. B. nach einem Krankenhausaufenthalt oder zur Entlastung des pflegenden Angehörigen.

Die Kurzzeitpflege ist auf eine Dauer von 56 Tagen im Jahr begrenzt. Pro Kalenderjahr unterstützen die Pflegekassen die Kurzzeitpflege mit einem Kostenbeitrag von derzeit 1612,– € bei einer stationären Unterbringung. Die Pflegekassen subventionieren damit den Pflegeanteil. Kosten wie Unterbringung und Mahlzeiten und sonstige Leistungen sind als Eigenanteil zu bezahlen.
Der Pflegebedürftige erhält bei Kurzzeitpflege 50% seines Pflegegelds für eine Dauer von bis zu vier Wochen.
Für die Kostenerstattung durch die Pflegekasse muss die Einrichtung für Kurzzeitpflege zugelassen sein. Es gibt natürlich auch Sonderfälle. Hat der*die Pflegebedürftige zusätzlich eine Behinderung, ist als Unterbringungsort für die Kurzzeitpflege auch eine Spezialeinrichtung für die speziellen Bedürfnisse behinderter Menschen möglich.

Und es gibt Sonderregelungen. Benötigt der*die Pflegende z.B. eine stationären Vorsorge- oder Reha-Maßnahme, kann der*die Angehörige mitkommen. Der*die Pflegebedürftige kann entweder in der gleichen oder einer nahegelegenen Einrichtung auch ohne Pflegezulassung untergebracht werden.
Sprechen Sie im Zweifel mit Ihrer Pflegekasse.

Mögliche Gründe für eine Kurzzeitpflege:

- Der*die Pflegebedürftige kann nach einem Krankenhausaufenthalt krankheitsbedingt noch nicht wieder alleine leben und/oder hat zu Hause niemanden, der die Pflege übernehmen kann.
- Der*die pflegende Angehörige ist verhindert wegen Krankheit, Urlaub oder Reha-Aufenthalt.
- Die Erkrankung des Pflegebedürftigen verschlimmert sich, so dass vorübergehend eine intensivere Betreuung durch Fachpersonal notwendig wird.
- Zur Überbrückung, bis ein geeigneter Pflegeheimplatz gefunden ist.
- Bei einer plötzlichen Pflegebedürftigkeit, bis zu Hause alles organisiert ist.
- Bei Umbaumaßnahmen oder Umzug, um die Pflege im häuslichen Umfeld zu ermöglichen.

Hinweis

Kurzzeitpflege steuerlich absetzen: Unter Umständen können die Zusatzkosten einer Kurzzeitpflege als außergewöhnliche Belastungen steuerlich geltend gemacht werden. Informieren Sie sich dazu bei Ihrem Finanzamt.
Werden Sie frühzeitig aktiv, wenn Sie einen Angehörigen in der Ferienzeit in einer Kurzzeitpflege-Einrichtung unterbringen möchten. Während der Schulferien sind diese Plätze ganz besonders gefragt. Rechtzeitig anmelden lohnt sich!

5.3. Kombination von Verhinderungspflege und Kurzzeitpflege.

Die Kurzzeitpflege kann ergänzend mit der Verhinderungspflege kombiniert werden.

Für den Kurzzeitpflege-Aufenthalt in einer Pflegeeinrichtung können für die Finanzierung des Pflegeaufenthaltes die Leistungen aus der Kurzzeitpflege mit denen aus der Verhinderungspflege kombiniert werden.

Die folgende Beispielrechnung soll die Kombinationsmöglichkeiten veranschaulichen:

Frau Mustermann hat Pflegegrad 3 und ist im August und September für 2 Monate in einer vollstationären Pflegeeinrichtung.

- Für 2 Monate berechnet das Pflegeheim 5.000,– € für die Pflege und 1.500,– € als Vollpensionskosten.
- Bis zu diesem Zeitpunkt hat Frau Mustermann noch keine Verhinderungspflege in Anspruch genommen.
- Sie hat auch keine Entlastungsbeträge in Anspruch genommen.
- Die entstehenden Pflegekosten darf sie zu 100 % aus der Kurzzeitpflege und zu 100 % aus der Verhinderungspflege bezahlen.

Daher bekommt Frau Mustermann insgesamt 4.349,– € von den Kosten in Höhe von 6.500,– € erstattet. Ihr Eigenanteil beträgt somit 2.151,– € (siehe nachfolgende Tabelle).

Fragen Sie auch die zuständige Pflegekasse, um die optimale Lösung zu finden.

Kostenart	Kosten	Erstattung
Kosten für Pflege für 8 Wochen	5.000,– €	—
Erstattung über Kurzzeitpflege	—	1.612,– €
Erstattung über Verhinderungspflege	—	1.612,– €
Vollpensionskosten	1.500,– €	—
Entlastungsbetrag für Januar bis September zu 125,– € monatlich (9 x 125 €)	—	1.125,– €
Summe	6.500,– €	4.349,– €
Eigenanteil für Frau Mustermann für 2 Monate => 6.500,– € – 4.349,– € = **2.151,– €**		

6. Pflege und Urlaub

In einer häuslichen Pflegesituation ist auf einmal alles anders. Die häuslichen Veränderungen können für die Pflegenden und die Pflegebedürftigen belastend sein. Auch andere im Haushalt lebende Familienmitglieder sind unterschiedlich stark betroffen. Je nach Stärke der Pflegebedürftigkeit variieren die Auswirkungen auf die Beteiligten.
Der*die **Pflegebedürftige** kann nicht mehr das, was vor der Pflegebedürftigkeit noch möglich war. Dieses ungewollte Unvermögen geht einher mit dem Verlust der eigenen Selbstständigkeit. Dies kann auf der emotionalen Ebene eine Vielfalt von negativen Gefühlen auslösen. Aggressionen, Depressionen, Schuldgefühle, Ängste und vieles mehr können die Folge sein. Pflegebedürftigkeit erfordert eine große mentale Stärke.
Der*die **Pflegende** ist körperlich und seelisch oft sehr eingebunden. Durch die Bedürftigkeit von zu pflegenden Lebenspartnern oder Elternteilen erhält die Beziehung eine neue Ausrichtung. Auch das eigene Leben muss neu gestaltet werden. Neben den körperlichen Kräften wird auch die seelische Widerstandsfähigkeit gefordert. Belastende Emotionen wie ständige Sorge, Trauer, Verlustängste, Aggression und Depression sind nicht ungewöhnlich.

Ein Urlaub kann deshalb so manche Situation verbessern. Einfach mal dem Pflegealltag entrinnen, die Seele baumeln lassen, andere Menschen und Orte kennen lernen. Ein Urlaub lenkt ab von den eigenen körperlichen Defiziten oder von Belastungen und bringt wieder mehr Freude ins Leben.

Etwas Neues sehen, einfach Dinge machen, die man sonst im Pflegealltag nicht macht – all das kann Erholung in den Pflegealltag bringen.

Urlaub und Pflege können durchaus unter einen Hut gebracht werden. Allerdings sind eine gute Planung und Vorbereitung wichtig. Zunächst wird geklärt wer Urlaub macht:

- Der*die Pflegebedürftige und der*die Pflegende gehen gemeinsam in Urlaub
- Der*die Pflegebedürftige geht alleine in Urlaub
- Der*die pflegende Angehörige geht alleine in Urlaub

Im Prinzip sind die meisten regulären Urlaube auch mit pflegebedürftigen Menschen machbar. Trotz allem muss aber in die Überlegungen immer die Schwere der Pflegebedürftigkeit und körperliche Einschränkung und die Abhängigkeit von anderen Personen bedacht werden.
Im Vorfeld klären Sie, wie der Urlaub gestaltet werden soll. Es gibt Pflegehotels, Anbieter für betreutes Reisen oder Sie organisieren die Reise selbst. Informieren Sie sich in Ihrem Pflege-Netzwerk nach Möglichkeiten und sprechen Sie auch mit der Pflegekasse.

Bevor dann ein Urlaub gebucht wird, sollten folgende Fragen geklärt sein:

- Ist ein zugelassener ambulanter Pflegedienst am Urlaubsort, der die Betreuung übernimmt?
- Hat der Pflegedienst eine 24-Stunden-Erreichbarkeit?
- Sprechen Sie mit der Pflegekasse Ihren geplanten Urlaub durch und beantragen Sie die notwendigen Leistungen.

Was wird am Urlaubsort benötigt:

- Wie ist die Parksituation vor dem Hotel? Behindertenparkplatz?
- Ist das Hotel überall mit dem Rollstuhl befahrbar?
- Sind Türen und Aufzug rollstuhlgerecht?
- Ist das Badezimmer barrierefrei? Gibt es Haltegriffe, Toilettenerhöhungen, unterfahrbare Waschbecken, eine ebenerdige Dusche?
- Bedienbarkeit von Schränken und Schubladen?
- Stehen Hilfsmittel zur Verfügung wie z.B. Pflegebett, Duschrollstuhl, Hausnotrufsystem?
- Können notwendige Hilfsmittel vor Ort entliehen werden?
- Für Demenzpatienten: Gibt es gut erkennbare Orientierungsbeschriftungen?
- Für Patienten mit Atemwegserkrankungen: Gibt es die Möglichkeit, Sauerstoff- und Beatmungsgeräte anzuschließen?

- Wird eine besondere Ernährung benötigt?
- Falls Sie mit einem öffentlichen Verkehrsmittel fahren: Gibt es einen Abholservice vom Hotel, der Sie am Bahnhof oder Flughafen abholt?
- Der Begriff „Pflegehotel" ist nicht geschützt, daher sollten Sie sich schriftlich bestätigen lassen, ob das Hotel die für Sie notwendigen Anforderungen erfüllt.

Was muss unbedingt mit in den Urlaub?

Aufgrund der Besonderheit der Pflegebedürftigkeit müssen neben dem normalen Gepäck noch weitere Dinge mitgenommen werden:

- Medikamente für die gesamte Urlaubszeit.
- Pflegehilfsmittel
- Hilfsmittel wie Rollator, Rollstuhl, Gehstock, usw., die vor Ort nicht zur Verfügung stehen.
- Rezepte für medizinische Anwendungen, die vom Haus- oder Facharzt verordnet wurden.
- Behindertenausweis, Parkausweis
- Arztberichte, für einen eventuellen Notfall
- Vorsorgevollmacht, Patientenverfügung.

7. Selbstfürsorge

Als pflegender Angehöriger sind Sie in vielerlei Weise mit dem*r Pflegebedürftigen verbunden. Bei der häuslichen Pflege sind Sie 24 Stunden verfügbar und einsatzbereit. Die Pflege wird vielleicht auch noch zusätzlich zu der eigenen Familienfürsorge und Berufstätigkeit gemeistert. Neben dieser zeitlichen Einspannung gibt es auch eine starke emotionale Verbundenheit mit dem*r Pflegebedürftigen.

Oft tritt eine gewisse Pflegebedürftigkeit auch erst in fortgeschrittenem Alter ein. Ein pflegender Partner ist dann oft selbst bereits älter und ggf. gesundheitlich angeschlagen. Pflegende Kinder haben vielleicht noch eigene Kinder, die sie versorgen. All diese Situationen erfordern eine hohe Resilienz sämtlicher Beteiligten.

Eine professionelle Pflegekraft wurde ausgebildet, eine schützende emotionale Distanz zu ihren Patienten zu wahren. Die Pflege wird als Beruf mit festen Arbeitszeiten, Pausen, und Urlaub ausgeübt. Dies ist einem pflegenden Angehörigen nicht gegeben – daher ist es besonders wichtig, für die eigene körperliche und seelische Gesundheit zu sorgen. Überlegen Sie gezielt, was Ihnen guttut, wie Sie abschalten und entspannen können. Und dann tun Sie das.

Nutzen Sie die verschiedenen Möglichkeiten für Auszeiten von der Pflege – indem Sie andere Angehörige, Freunde, Bekannte, Ehrenamtliche bitten, mal für Sie einzuspringen. Sie können auch ambulante Betreuungs- und Pflegedienste um Unterstützung für einzelne Tage oder Tätigkeiten bitten. Und Sie können die Leistungen der Kurzzeit- und Verhinderungspflege nutzen.

Sorgen Sie gut für sich! Denn Niemand kann einen anderen pflegen, wenn es ihm selbst nicht gut geht.

Dritter Teil
Vorsorgethemen

Gesundheitsthemen Seite 34-47

Hier machen Sie Angaben zu Ihrer gesundheitlichen Situation.

Sie finden Formulare zu folgenden Themen:

- Krankenversicherung
- Pflegeversicherung
- Gesundheitszustand
- Gesundheitshistorie
- Behandelnde Ärzte
- Medikamentenplan
- Krankenhauseinweisung
- Organspende

Vorausverfügungen Seite 48-65

Sie finden folgende Vordrucke:

- Vorsorgevollmacht
- Betreuungsverfügung
- Patientenverfügung

8.1. Kranken- und Pflegeversicherung

Gesetzliche Krankenversicherung

Krankenkasse:

Versicherungs-Nr.:

Private Krankenversicherung

Gesellschaft:

Versicherungs-Nr.:

Private Pflegeversicherung

Gesellschaft:

Versicherungs-Nr.:

Zusatzversicherungen

Art der Versicherung:

Gesellschaft:

Versicherungs-Nr.:

Art der Versicherung:

Gesellschaft:

Versicherungs-Nr.:

Art der Versicherung:

Gesellschaft:

Versicherungs-Nr.:

8.2. Unfall-, Berufsunfähigkeits- und Lebensversicherung

Unfallversicherung

Gesellschaft:

Versicherungs-Nr.:

Berufsunfähigkeitsversicherung

Gesellschaft:

Versicherungs-Nr.:

Lebensversicherung 1

Gesellschaft:

Versicherungsnehmer:

Versicherungs-Nr.:

Begünstigte:

Lebensversicherung 2

Gesellschaft:

Versicherungsnehmer:

Versicherungs-Nr.:

Begünstigte:

Hinweis:

Bei einer Veränderung der persönlichen Umstände des Versicherungsnehmers, z.B. durch Heirat, Trennung oder Nachwuchs, kann ein anderer Begünstigter für die Auszahlung der Versicherungsgelder in Frage kommen. Korrigieren Sie entsprechend bei Ihrer Versicherung die Angaben über den*die Begünstigte.

8.3. Angaben zu meiner Gesundheit

Blutgruppe:

Allergien:

Chronische Krankheiten und Medikation:

Krankheiten aus der Vergangenheit:

Diabetes und Medikation:

Anfallsleiden und Medikation:

Im Falle einer Krankenhauseinweisung kann es wichtig sein, Informationen über aktuelle Erkrankungen und die behandelnden Fachärzte zur Verfügung zu stellen, z.B. wenn Sie kurzfristig Metall im Körper haben und in ein MRT müssten. Es empfiehlt sich, die Arztbriefe und Befunde mitzunehmen.

Aktuelle Erkrankungen und behandelnde Ärzte:

Aktueller Medikamentenplan:

	Morgens	Mittags	Abends
Montag			
Dienstag			
Mittwoch			
Donnerstag			
Freitag			
Samstag			
Sonntag			
Bemerkungen			

Wichtige medizinische Behandlungen (z.B. Operationen, Chemotherapie, Bestrahlung):

Datum: Klinik: Art der Operation:

Implantate (z.B. Herzschrittmacher, Gelenke):

Behinderungen:

Antrag auf Feststellung einer Behinderung

gestellt am:

Anerkennungsbescheid der zuständigen Behörde:

Aktenzeichen:

Änderungsbescheid:

Widerspruch:

Änderungsbescheid:

8.4. Behandelnde Ärzte

Hausärztin/Hausarzt

Name:

Adresse:

Telefon:

Fachärztin/Facharzt:

Name, Ort:

Fachrichtung:

Name, Ort:

Fachrichtung:

Name, Ort:

Fachrichtung:

Name, Ort:

Fachrichtung:

Name, Ort:

Fachrichtung:

Name, Ort:

Fachrichtung:

8.5. Vorbereitungen für eine Krankenhauseinweisung

Legen Sie bitte – sofern zutreffend – die im Folgenden aufgeführten Unterlagen für eine Krankenhauseinweisung zurecht:

- vorhandene Krankenakte, Arztbriefe
- Medikamente und Medikamentenplan
- Impfpass
- Allergiepass
- Röntgenpass und Implantatausweis
- Organspendeausweis
- Patientenverfügung
- Bescheinigung über Pflegegrad
- Behindertenausweis

Für einen Krankenhausaufenthalt empfiehlt es sich, Folgendes mitzunehmen:

- Krankenversichertenkarte
- Personalausweis
- ein kleiner Bargeldbetrag (Münzen, kleine Scheine)
- Brille, Hörgeräte (Ersatz-Batterien), Prothesen, Gehhilfe
- Toilettenartikel
- Nachtwäsche, Unterwäsche, Morgenmantel, Hausschuhe, ggf. Freizeitkleidung
- Namen und Kontaktinformationen der nächsten Angehörigen und/oder Bevollmächtigten
- evtl. Hausschlüssel
- evtl. Mobiltelefon und Ladegerät

Folgendes sollte organisiert werden:

- Hilfsdienste (Pflegedienst, Betreuungsdienst o.ä.) informieren
- Haustiere versorgen, Blumen gießen, Briefkasten leeren
- Nachbarn und nächste Angehörige benachrichtigen (Vordruck auf Seite 42)
- Wer hat oder erhält einen Hausschlüssel?

Zu benachrichtigende Personen bei Krankenhauseinlieferung

	Vorname, Name, Adresse, Telefon
1.	
2.	
3.	
4.	
5.	

Bemerkungen

Organspendeausweis und Notfallkarte

Den Organspendeausweis sowie die Notfallkarte mit den wichtigsten Informationen über Sie finden Sie auf der nächsten Seite.

Trennen Sie eine Karte an der Perforationslinie mit leichtem Fingerdruck heraus, füllen Sie beide Seiten aus und dann falten Sie die Karte.

Bewahren Sie Ihre perönliche Karte im Portemonnaie oder in Ihrer Brieftasche auf.

Organspendeausweis

nach § 2 des Transplantationsgesetzes

Organspende

Name, Vorname — Geburtsdatum

Straße — PLZ, Wohnort

BZgA Bundeszentrale für gesundheitliche Aufklärung

Organspende schenkt Leben.

Antwort auf Ihre persönlichen Fragen erhalten Sie beim Infotelefon Organspende unter der gebührenfreien Rufnummer 0800 / 90 40 400.

Bitte benachrichtigen Sie im Notfall folgende Personen

Vorname, Name

Telefon

Vorname, Name

Telefon

Medizinische Informationen

Medikamente

Allergien

Wichtige Infos

Organspendeausweis

nach § 2 des Transplantationsgesetzes

Organspende

Name, Vorname — Geburtsdatum

Straße — PLZ, Wohnort

BZgA Bundeszentrale für gesundheitliche Aufklärung

Organspende schenkt Leben.

Antwort auf Ihre persönlichen Fragen erhalten Sie beim Infotelefon Organspende unter der gebührenfreien Rufnummer 0800 / 90 40 400.

Bitte benachrichtigen Sie im Notfall folgende Personen

Vorname, Name

Telefon

Vorname, Name

Telefon

Medizinische Informationen

Medikamente

Allergien

Wichtige Infos

Organspendeausweis

nach § 2 des Transplantationsgesetzes

Organspende

Name, Vorname — Geburtsdatum

Straße — PLZ, Wohnort

BZgA Bundeszentrale für gesundheitliche Aufklärung

Organspende schenkt Leben.

Antwort auf Ihre persönlichen Fragen erhalten Sie beim Infotelefon Organspende unter der gebührenfreien Rufnummer 0800 / 90 40 400.

Bitte benachrichtigen Sie im Notfall folgende Personen

Vorname, Name

Telefon

Vorname, Name

Telefon

Medizinische Informationen

Medikamente

Allergien

Wichtige Infos

Erklärung zur Organ- und Gewebespende

Für den Fall, dass **nach meinem Tod** eine **Spende von Organen/Geweben zur Transplantation** in Frage kommt, erkläre ich:

◯ **JA**, ich gestatte, dass nach der ärztlichen Feststellung meines Todes meinem Körper Organe und Gewebe entnommen werden.

oder ◯ **JA**, ich gestatte dies, mit **Ausnahme** folgender Organe/Gewebe:

oder ◯ **JA**, ich gestatte dies, jedoch **nur** für folgende Organe/Gewebe:

oder ◯ **NEIN**, ich widerspreche einer Entnahme von Organen oder Geweben.

oder ◯ Über JA oder NEIN **soll** dann **folgende Person entscheiden:**

Name, Vorname Telefon

Straße PLZ, Wohnort

Platz für **Anmerkungen/Besondere Hinweise**

DATUM UNTERSCHRIFT

Verfügungen/Vollmachten

Ich habe eine

- ☐ Patientenverfügung
- ☐ Betreuungsverfügung
- ☐ Vorsorgevollmacht
- ☐ Ich bin Organspender

Aufbewahrungsort:

NOTFALLKARTE

Vorname, Name

Straße

Wohnort

Telefon

Erklärung zur Organ- und Gewebespende

Für den Fall, dass **nach meinem Tod** eine **Spende von Organen/Geweben zur Transplantation** in Frage kommt, erkläre ich:

◯ **JA**, ich gestatte, dass nach der ärztlichen Feststellung meines Todes meinem Körper Organe und Gewebe entnommen werden.

oder ◯ **JA**, ich gestatte dies, mit **Ausnahme** folgender Organe/Gewebe:

oder ◯ **JA**, ich gestatte dies, jedoch **nur** für folgende Organe/Gewebe:

oder ◯ **NEIN**, ich widerspreche einer Entnahme von Organen oder Geweben.

oder ◯ Über JA oder NEIN **soll** dann **folgende Person entscheiden:**

Name, Vorname Telefon

Straße PLZ, Wohnort

Platz für **Anmerkungen/Besondere Hinweise**

DATUM UNTERSCHRIFT

Verfügungen/Vollmachten

Ich habe eine

- ☐ Patientenverfügung
- ☐ Betreuungsverfügung
- ☐ Vorsorgevollmacht
- ☐ Ich bin Organspender

Aufbewahrungsort:

NOTFALLKARTE

Vorname, Name

Straße

Wohnort

Telefon

Erklärung zur Organ- und Gewebespende

Für den Fall, dass **nach meinem Tod** eine **Spende von Organen/Geweben zur Transplantation** in Frage kommt, erkläre ich:

◯ **JA**, ich gestatte, dass nach der ärztlichen Feststellung meines Todes meinem Körper Organe und Gewebe entnommen werden.

oder ◯ **JA**, ich gestatte dies, mit **Ausnahme** folgender Organe/Gewebe:

oder ◯ **JA**, ich gestatte dies, jedoch **nur** für folgende Organe/Gewebe:

oder ◯ **NEIN**, ich widerspreche einer Entnahme von Organen oder Geweben.

oder ◯ Über JA oder NEIN **soll** dann **folgende Person entscheiden:**

Name, Vorname Telefon

Straße PLZ, Wohnort

Platz für **Anmerkungen/Besondere Hinweise**

DATUM UNTERSCHRIFT

Verfügungen/Vollmachten

Ich habe eine

- ☐ Patientenverfügung
- ☐ Betreuungsverfügung
- ☐ Vorsorgevollmacht
- ☐ Ich bin Organspender

Aufbewahrungsort:

NOTFALLKARTE

Vorname, Name

Straße

Wohnort

Telefon

8.6. Organspende

Angaben zur Organspende

☐ Ich habe einen Organspendeausweis (Vordruck nächste Seite).

☐ Ich stimme darin einer Entnahme meiner Organe zu.

☐ Ich bin mit einer Organentnahme folgender Organe einverstanden:

☐ Ich lehne darin eine Organentnahme ab.

Aufbewahrungsort:

Komme ich nach ärztlicher Beurteilung bei einem sich abzeichnenden Hirntod als Organspender in Betracht und müssen dafür ärztliche Maßnahmen durchgeführt werden, die ich in meiner Patientenverfügung ausgeschlossen habe, dann

☐ geht die von mir erklärte Bereitschaft zur Organspende vor

oder

☐ gehen die Bestimmungen in meiner Patientenverfügung vor.

Wissenschaftliche Zwecke

☐ Soweit die in meiner Betreuungsverfügung/Patientenverfügung genannten Voraussetzungen erfüllt werden, bin ich damit einverstanden, dass mein Körper nach meinem Tod wissenschaftlichen Zwecken dient.

Sonstige Angaben:

8.7. Befreiung von der ärztlichen Schweigepflicht

Als Patient haben Sie das Recht auf Einsicht in Ihre Krankenakte nebst Befunden und Röntgenbildern. Ebenfalls können Sie um Kopien der Arztbriefe und Untersuchungsberichte bitten. Alles was Sie als Patienten betrifft, ist vertraulich.

Diese Informationen werden aber nur Ihnen mitgeteilt. Ein Ehepartner oder sonstiger Angehöriger erhält nur dann Auskünfte, wenn er dazu bevollmächtigt ist. Dazu können Sie den unten stehenden Vordruck nutzen.

Vordruck Befreiung von der ärztlichen Schweigepflicht

Ich,

Vorname, Name: ______________________________

Adresse: ______________________________

entbinde alle mich behandelnden Ärzte von ihrer ärztlichen Schweigepflicht.
Ich bitte sie, nachfolgenden/er Person/en Auskünfte über meinen gesundheitlichen Zustand bzw. Krankheitsstand zu geben und auf Wunsch Einblick in die Krankenakten zu ermöglichen.

Vorname, Name: ______________________________

Adresse: ______________________________

Vorname, Name: ______________________________

Adresse: ______________________________

Ort, Datum Unterschrift

Hinweis

Ab dem vollendeten 16. Lebensjahr ist man testierfähig und darf somit Ärzte von der Schweigepflicht gegenüber benannten Personen entbinden.

8.8. Vollmachten für Krankenversicherung, Pflegeversicherung und Beihilfe

Falls Sie Ihre Anträge nicht mehr selbst stellen können, erleichtert eine Vollmacht es Ihren Angehörigen, für Sie zu handeln. Hier finden Sie Vollmachtmuster, die Sie bei der Beihilfestelle oder Krankenkasse einreichen können.

Vollmacht zur Regelung meiner Krankenversicherungsangelegenheiten

Ich,

Vorname, Name: ____________________

Adresse: ____________________

____

bevollmächtige

Vorname, Name: ____________________

Adresse: ____________________

____

mit der Regelung meiner Rechte gegenüber meiner gesetzlichen/privaten **Krankenversicherung.**

Die/Der Bevollmächtigte steht zu mir in folgendem Verwandtschaftsverhältnis

- ☐ Ehepartner
- ☐ Kind
- ☐ sonst. verwandtschaftliches Verhältnis
- ☐ keine Verwandtschaft

Die/Der Bevollmächtigte ist berechtigt, anfallenden Schriftverkehr mit meiner **Krankenkasse** zu führen, Anträge zu stellen, Bescheide in Empfang zu nehmen, Widersprüche zu erheben und die sich für mich aus meinem Verhältnis als Versicherungsnehmer/in ergebenden Pflichten (z.B. Anzeigepflicht) wahrzunehmen.

____

Ort, Datum | Unterschrift

Vollmacht zur Regelung meiner Pflegeversicherungsangelegenheiten

Ich,

Vorname, Name:

Adresse:

bevollmächtige

Vorname, Name:

Adresse:

mit der Regelung meiner Rechte gegenüber meiner gesetzlichen/privaten **Pflegeversicherung.**

Die/Der Bevollmächtigte steht zu mir in folgendem Verwandtschaftsverhältnis

☐ Ehepartner ☐ Kind

☐ sonst. verwandtschaftliches Verhältnis ☐ keine Verwandtschaft

Die/Der Bevollmächtigte ist berechtigt, anfallenden Schriftverkehr mit meiner **Pflegekasse** zu führen, Anträge zu stellen, Bescheide in Empfang zu nehmen, Widersprüche zu erheben und die sich für mich aus meinem Verhältnis als Versicherungsnehmer/in ergebenden Pflichten (z.B. Anzeigepflicht) wahrzunehmen.

Ort, Datum Unterschrift

Vollmacht zur Regelung meiner Beihilfeangelegenheiten

Ich,

Vorname, Name:

Adresse:

bevollmächtige

Vorname, Name:

Adresse:

mit der Regelung meiner **Beihilfeangelegenheiten.**

Die/Der Bevollmächtigte steht zu mir in folgendem Verwandtschaftsverhältnis

☐ Ehepartner
☐ Kind
☐ sonst. verwandtschaftliches Verhältnis
☐ keine Verwandtschaft

Die/Der Bevollmächtigte ist berechtigt, anfallenden Schriftverkehr mit der **Beihilfefestsetzungsstelle** zu führen, Anträge zu stellen, Bescheide in Empfang zu nehmen, Widersprüche zu erheben und die sich für mich aus meinem Verhältnis als Beihilfeberechtigte/r ergebenden Pflichten (z.B. Anzeigepflicht) wahrzunehmen.

Ort, Datum

Unterschrift

9. Vorausverfügungen

Einführung ins Thema

Ab hier beschäftigen Sie sich mit den Themen, die Sie für sich geregelt haben möchten für den Fall, dass Sie Ihre Wünsche nicht mehr frei bilden oder äußern können. Sie finden hier Erläuterungen zu Vollmachten und Verfügungen. Zu jedem Thema gibt es Hinweise, die in einem „gelben Kasten" eingefasst sind. Teilen Sie Ihren Angehörigen mit, wo diese Dokumente zu finden ist.

Jeder Mensch kann unfall- oder krankheitsbedingt vorübergehend oder auf Dauer die Fähigkeit verlieren, den eigenen Willen zu äußern, Entscheidungen zu treffen und Geschäfte abzuschließen.

Die meisten Menschen gehen davon aus, dass nahe Familienangehörige (z.B. Ehegatte, Kinder) dann für sie entscheiden, handeln und unterschreiben dürfen. **Das stimmt aber nicht! Für jemanden handeln kann nur der, der ausdrücklich dazu autorisiert ist, zum Beispiel durch eine Vollmacht oder Verfügung.**

Daher sollten Sie bereits jetzt im Voraus verfügen, was Sie sich für Ihr selbstbestimmtes Leben wünschen. Hierzu sind folgende Vorausverfügungen geeignete und rechtsverbindliche Mittel:
Die Vorsorgevollmacht (VV), die Patientenverfügung (PV) und die Betreuungsverfügung (BV).

Die Vordrucke in diesem Ratgeber folgen den Empfehlungen des Bundesministeriums für Justiz und Verbraucherschutz. Sie verstehen sich dennoch nur als Anregung für Ihre persönliche Entscheidung.
Bitten Sie im Zweifel Experten wie Arzt, Notar, Rechtsanwalt o.ä. oder eine Vertrauensperson um Rat und Hilfe.

Die Vordrucke sind so gestaltet, dass Sie eine Auswahl treffen müssen. Das bedeutet, Sie kreuzen entweder ☐ ja **oder** ☐ nein an, oder aber Sie treffen Ihre Auswahl durch das Ankreuzen der gegebenen Wahlmöglichkeiten.

Folgende Fragestellungen können Ihnen helfen, darüber Klarheit zu gewinnen:

- Wer entscheidet und handelt für mich, wenn mir etwas passiert?
- Was soll unbedingt sichergestellt sein?
- Welche Behandlungen wünsche ich mir für den Fall, dass ich z.B. verunglücke und ein Komapatient werde?
- Oder für den Fall, dass ich an einem schleichenden Gehirnabbauprozess erkranke?
- Welches Leid bin ich bereit zu tragen?
- Wie stehe ich zum Unterlassen oder zum Abbruch lebenserhaltender Maßnahmen in einer aussichtslosen Krankheitssituation?

Hinweis

Grundsätzlich können Sie alle Vorausverfügungen notariell erstellen lassen oder selbst mit Hilfe von unseren Vordrucken verfassen. Bei Bedarf können Sie auch nur Ihre Unterschrift notariell beglaubigen lassen, um absolut sicherzugehen, dass Ihre Verfügung unstrittig anerkannt wird.

Die Vorsorgevollmacht

Die Vorsorgevollmacht (VV) ist die umfassendste Möglichkeit, eine Vorkehrung für den Fall der eigenen Entscheidungsunfähigkeit zu treffen. Mit einer Vorsorgevollmacht sind Bevollmächtigte im Bedarfsfall sofort handlungsfähig.

Die VV kann sich gänzlich oder auch eingeschränkt auf folgende Belange beziehen:

- Finanzielle Angelegenheiten (z.B. Bankgeschäfte, Miet- bzw. Immobilien- und Behördenangelegenheiten)
- Gesundheitsvorsorge
- Aufenthaltsbestimmung
- Medizinische Versorgung (z.B. Operationen oder lebensverlängernde Maßnahmen)

Eine Vollmacht muss dann **notariell** beurkundet werden, wenn über Immobilien, Grundstücke, Kredite, Grundschulden, Hypotheken oder Erbschaften verfügt werden soll.

Die Vorsorgevollmacht beruht auf §1896 Absatz 2, Satz 2 BGB. Eine oder mehrere Personen des Vertrauens können eingesetzt werden, um im Fall der eigenen Entscheidungsunfähigkeit sofort für den Vollmachtgeber handeln zu können. Meist werden Angehörige (Ehepartner, Kinder, Geschwister) oder enge Freunde bevollmächtigt. Sie sollten mit der/den ausgewählten Person/en über Ihre konkreten Vorstellungen reden.

Wenn die betreffende/n Person/en bereit ist/sind, die Betreuung zu übernehmen, sollte/n sie die Vollmacht mit unterschreiben und ein ebenfalls von allen Beteiligten unterschriebenes Zweitexemplar in Verwahrung nehmen.

Eine Vorsorgevollmacht sollte nur dann verfasst werden, wenn Sie der/den zu bevollmächtigten Person/en Ihr **absolutes Vertrauen** schenken. Entsteht nämlich die Situation, dass eine eigene Äußerung im Vollbesitz der geistigen Fähigkeit nicht mehr abgegeben werden kann, gibt es keine Möglichkeit mehr, Bevollmächtigte zu kontrollieren.

Haben Sie im Falle der Betreuungsbedürftigkeit keine Vorsorgevollmacht verfasst, so bestellt das Betreuungsgericht für den betroffenen Menschen einen Betreuer.

Die Gerichte haben häufig Schwierigkeiten festzustellen, ob es eine Vorsorgevollmacht gibt. Daher ist es vorteilhaft, die Vorsorgevollmacht im Zentralen Vorsorgeregister der Bundesnotarkammer eintragen zu lassen.

Sie bestimmen, ab wann die Vollmacht gültig sein soll. Das kann zum Beispiel der Zeitpunkt der Unterzeichnung sein oder sobald der Arzt Ihres Vertrauens Ihre Geschäftsunfähigkeit feststellt und dies bezeugt.

Hinweis

1. Für Immobiliengeschäfte, für Handelsgewerbe oder die Aufnahme eines Darlehens müssen Sie eine Vollmacht beim Notar erstellen lassen.

2. Für die Vermögenssorge in Bankangelegenheiten sollten Sie auf die von Ihrer Bank/Sparkasse angebotene Konto-/Depotvollmacht zurückgreifen. Diese Vollmacht berechtigt den Bevollmächtigten zur Vornahme aller Geschäfte, die mit der Konto- und Depotführung in unmittelbarem Zusammenhang stehen. Es werden ihm keine Befugnisse eingeräumt, die für den normalen Geschäftsverkehr unnötig sind, wie z.B. der Abschluss von Finanztermingeschäften. Die Konto-/Depotvollmacht sollten Sie grundsätzlich in Ihrer Bank oder Sparkasse unterzeichnen; etwaige spätere Zweifel an der Wirksamkeit der Vollmachtserteilung können hierdurch ausgeräumt werden. Können Sie Ihre Bank/Sparkasse nicht aufsuchen, wird sich im Gespräch mit Ihrer Bank/Sparkasse sicher eine Lösung finden.

Die Betreuungsverfügung

Sie stellt eine Alternative zur umfassenden Vorsorgevollmacht dar.

In einer Betreuungsverfügung oder Betreuungsvollmacht können Sie festlegen, wer Ihre Betreuung übernehmen soll, wenn sie auf Hilfe angewiesen sind. „Betreuung" bedeutet also die gesetzliche Vertretung von Menschen, die wegen Krankheit oder Behinderung ihre Angelegenheiten (vorübergehend) nicht mehr selbst in die Hand nehmen können.

Es gibt viele mögliche Gründe für die Notwendigkeit eines Betreuers. Hierzu zählen beispielsweise Demenz oder die unmittelbaren Folgen eines Verkehrsunfalles, die eine Person zum Pflegefall werden lassen. In einem solchen Fall tritt die gesetzliche Betreuung auf Antrag oder von Amts wegen in Kraft.

Mit Hilfe der Betreuungsverfügung kann man dem zuständigen Gericht bereits vor dem Betreuungsverfahren mögliche Betreuer aufzeigen und ihre Kompetenzen darlegen. Sollte die benannte Person im Betreuungsfall verhindert sein, können Alternativvorschläge eingereicht werden.

Die Aufgaben eines Betreuers umfassen z.B. die Bereiche der Vermögenssorge und/oder der Personensorge, wie

- Verwaltung des Vermögens
- Schriftverkehr, Post
- Behördenangelegenheiten
- Wohnungsangelegenheiten
- Gesundheitsfürsorge
- Aufenthaltsbestimmung
- medizinische Entscheidungen.

Ein Betreuer muss dem Gericht jährlich einen Rechenschaftsbericht zur Prüfung vorlegen. Auch ein naher Angehöriger, der als Betreuer eingesetzt wird, hat diese Pflicht. Damit ist die ordnungsgemäße Abwicklung der Betreuung gewährleistet.

Mit einer Betreuungsverfügung kann dem Betreuungsgericht vorab die Person benannt werden (z.B. Ehegatte), die im Fall der eigenen Hilfsbedürftigkeit die gesetzliche Betreuung übernehmen soll.

Ebenfalls können Personen benannt werden, die als Betreuer*in ausgeschlossen werden sollen.

Auch hier gilt: Die als Betreuer*in benannte Person sollte ihre Bereitschaft durch unterzeichen der Verfügung bekunden.

Inhalt einer Betreuungsverfügung
In einer Betreuungsverfügung können Wünsche geäußert werden, beispielsweise hinsichtlich der Unterbringung oder des Lebensstandards. Ein typischer Wunsch wäre z.B., so lange wie möglich zu Hause betreut zu werden, oder in einem bestimmten Pflegeheim untergebracht zu werden. Aber auch regelmäßige Schenkungen an Freunde oder Verwandte können veranlasst werden. Eine detaillierte Betreuungsverfügung liefert dem bestellten Betreuer wichtige Informationen des Vollmachtgebers über seinen Willen. So hat auch ein unbekannter Betreuer Anhaltspunkte, um möglichst im Sinne des Vollmachtgebers zu handeln.

Die Verfügung ist an das Betreuungsgericht gerichtet, wenn **keine** Vorsorgevollmacht erteilt worden ist, sowie an die am Betreuungsverfahren beteiligten Institutionen und Personen einschließlich des Wunschbetreuers.

Das Gericht und der*die eingesetzte Betreuer*in sind an die Wünsche und Vorstellungen des Vollmachtgebers gebunden.

Die Patientenverfügung

Mit einer **schriftlichen Patientenverfügung** können Sie Ihre Gesundheitsfürsorge regeln. Sie können darin festlegen, ob Sie bestimmte ärztliche Behandlungen wünschen oder untersagen. Arzt, Betreuer oder Bevollmächtigter sind an den darin dokumentierten Willen des Verfügenden gebunden.

Überlegen Sie auch, ob eine Organspende für Sie in Frage kommt, und ergänzen Sie dies ggf. in Ihren Unterlagen.

Sind Sie erkrankt, so hilft Ihnen Ihr behandelnder Arzt beim Verfassen klarer Formulierungen für Ihre persönliche medizinische Situation. Die Beratung unterstützt Sie auch in Ihrer Meinungsbildung zu Fragen über lebensverlängernde Maßnahmen (z.B. künstliche Ernährung oder Beatmung).

Ihre Angehörigen werden durch Ihre schriftlichen Vorkehrungen erheblich entlastet. Besprechen Sie Ihre Wünsche mit den möglichen Betreuern/Bevollmächtigten, damit diese in Ihrem Sinne handeln können. Im Idealfall unterzeichnen Arzt und Betreuer/Bevollmächtigter Ihre Patientenverfügung mit.

Der Bundesgerichtshof hat 2016 entschieden, dass der Aussteller in einer PV seinen Willen ganz konkret äußern muss, damit die PV rechtswirksam ist (Az. XII ZB 61/16).

Allgemeine Formulierungen wie z.B. „ich wünsche keine lebensverlängernden Maßnahmen, wenn mein Leben nicht mehr lebenswert ist" werden nicht als rechtsbindend betrachtet. Die Formulierungen/Aussagen müssen spezifisch formuliert sein.

Um Ihnen bestmögliche Rechtssicherheit zu geben, wird in diesem Ratgeber der Vordruck des Bundesministeriums der Justiz und für Verbraucherschutz genutzt.

Alle bisher schriftlich abgefassten Patientenverfügungen, die den ausdrücklichen Willen des Verfügenden beinhalten, behalten ihre Gültigkeit, sofern sie den gesetzlichen Bestimmungen entsprechen. Lassen Sie Ihre bisherige Patientenverfügung von einem Rechtsanwalt oder Notar überprüfen!

Hier ein kurzer Auszug zur Gesetzeslage:
Quellen: www.haufe.de, www.pflege.de

Der §1901a regelt, dass die Patientenverfügung

- schriftlich sein muß,
- eindeutige Entscheidungen über medizinische Maßnahmen enthalten muß (Einwilligung oder Ablehnung),
- jederzeit formlos widerrufbar ist.

Der §1901b betrifft das Gespräch zur Feststellung des Patientenwillens.

- Die Vorschrift regelt den Ablauf und die Aufgaben von behandelndem Arzt und Betreuer im Falle einer Einwilligungsunfähigkeit des Patienten.
- Der behandelnde Arzt soll prüfen, welche ärztliche Maßnahme indiziert ist, und zwar im Hinblick auf den Gesamtzustand und die Prognose des Patienten. An zweiter Stelle soll, sofern ein Betreuer bestellt ist, die Erörterung dieser indizierten Maßnahme zwischen dem Betreuer und dem behandelnden Arzt stehen.

Noch einmal die wichtigsten Tipps

- Die Patientenverfügung muss genau formuliert sein und den geforderten gesetzlichen Bedingungen entsprechen.
- Gibt es Fragen bei der Formulierung, so sollte der Rat eines Experten (Arzt, Notar o.ä.) eingeholt werden.
- Die Vorsorgevollmacht, die Betreuungs- und die Patientenverfügung sollten im Idealfall – wenn möglich – handschriftlich verfasst werden. Alternativ können Sie den Vorausverfügungen ein handschriftliches Schriftstück beifügen, in welchem Sie Ihre Vorstellungen und Werte erläutern. So machen Sie deutlich, dass Sie sich mit dem Thema ausführlich befasst haben, und nicht nur irgendwelche Kästchen in einem Formular angekreuzt haben.
- Die Patientenverfügung kann mit einer Vorsorgevollmacht bzw. Betreuungsverfügung kombiniert werden. So können der/die Betreuer den Wünschen Nachdruck verleihen und die Umsetzung einfordern.

9.1. Über den Umgang mit Vollmachten und Verfügungen

Fertigen Sie alle Vollmachten und Verfügungen mindestens zweifach aus. Ein Exemplar verbleibt bei dem Vollmachtgeber und ein Exemplar wird dem Vollmachtnehmer/Betreuer übergeben.

Wenn Sie zu einem späteren Zeitpunkt Änderungen vornehmen, so unterschreiben Sie die Originale unten auf jeder Seite neu und versehen sie mit dem aktuellen Datum.
Natürlich können Sie Vollmachten jederzeit widerrufen, auch wenn Sie dem Bevollmächtigten ein Original gegeben haben. Bitten Sie um die Rückgabe der Unterlagen und dann vernichten Sie diese.

Die wichtigsten Dokumente zur Regelung Ihrer Selbstbestimmung sollten Sie bei Ihren persönlichen Unterlagen aufbewahren.

Daneben empfiehlt es sich, Kopien an eine Person Ihres Vertrauens zu übergeben, und/oder Kopien amtlich zu hinterlegen.

Auf Seite 53 können Sie notieren, wo Sie Ihre wichtigsten Dokumente aufbewahren.

Für die amtliche Hinterlegung kommen Notare, zuständige Gerichte und das Zentrale Vorsorgeregister der Bundesnotarkammer in Frage.

Bundesnotarkammer
– Zentrales Vorsorgeregister –
Postfach 08 01 51
10001 Berlin

www.vorsorgeregister.de
Telefon 0800-3550700

(Quelle: Bundesnotarkammer)

Aufbewahrung von Vollmachten und Verfügungen

Ab Seite 54 sind die Vordrucke für die Vorausverfügungen abgedruckt. Sie können diese im Ordner belassen, so dass Sie hier Ihre persönliche Dokumentensammlung haben. Alternativ können Sie die Seiten an einem anderen Ort, z.B. in einer Mappe im Safe aufbewahren.

Die nachfolgende Liste ermöglicht es Ihnen, leicht auffindbar aufzuschreiben, wo Ihre Dokumente zu finden sind.

Folgende Vollmachten und Verfügungen habe ich erstellt:

☐ **Vorsorgevollmacht**

Aufbewahrungsort: ____________________

weitere Exemplare bei: ____________________

☐ **Patientenverfügung**

Aufbewahrungsort: ____________________

weitere Exemplare bei: ____________________

☐ **Betreuungsverfügung**

Aufbewahrungsort: ____________________

weitere Exemplare bei: ____________________

☐ **Organspendeausweis**

Aufbewahrungsort: ____________________

weitere Exemplare bei: ____________________

☐ **Andere Vollmachten**

Art der Vollmacht: ____________________

Aufbewahrungsort: ____________________

weitere Exemplare bei: ____________________

Art der Vollmacht: ____________________

Aufbewahrungsort: ____________________

weitere Exemplare bei: ____________________

Vorsorgevollmacht

Ich,

Vorname, Name:

Geburtsdatum: Geburtsort:

Anschrift:

erteile hiermit Vollmacht an:

Vorname, Name:

Geburtsdatum: Geburtsort:

Anschrift:

Telefon: E-Mail:

und/oder ersatzweise:

Vorname, Name:

Geburtsdatum: Geburtsort:

Anschrift:

Telefon: E-Mail:

Diese Vertrauensperson wird hiermit bevollmächtigt, mich in allen Angelegenheiten zu vertreten, die ich im Folgenden angekreuzt oder angegeben habe. Durch diese Vollmachtserteilung soll eine vom Gericht angeordnete Betreuung vermieden werden. Die Vollmacht bleibt daher in Kraft, wenn ich nach ihrer Errichtung geschäftsunfähig geworden sein sollte.

Die Vollmacht ist nur wirksam, solange die bevollmächtigte Person die Vollmachtsurkunde besitzt und bei Vornahme eines Rechtsgeschäfts die Urkunde im Original vorlegen kann.

Ort, Datum Unterschrift Vollmachtgeber*in

1. Gesundheitssorge/Pflegebedürftigkeit

Sie darf in allen Angelegenheiten der Gesundheitssorge entscheiden, ebenso über alle Einzelheiten einer ambulanten oder (teil-)stationären Pflege. Sie ist befugt, meinen in einer Patientenverfügung festgelegten Willen durchzusetzen. ☐ ja ☐ nein

Sie darf insbesondere in eine Untersuchung des Gesundheitszustands, eine Heilbehandlung oder einen ärztlichen Eingriff einwilligen, diese ablehnen oder die Einwilligung in diese Maßnahmen widerrufen, auch wenn mit der Vornahme, dem Unterlassen oder dem Abbruch dieser Maßnahmen die Gefahr besteht, dass ich sterbe oder einen schweren und länger dauernden gesundheitlichen Schaden erleide (§1904 Absatz 1 und 2 BGB). ☐ ja ☐ nein

Sie darf Krankenunterlagen einsehen und deren Herausgabe an Dritte bewilligen. Ich entbinde alle mich behandelnden Ärzte und nichtärztliches Personal gegenüber meiner bevollmächtigten Vertrauensperson von der Schweigepflicht. Diese darf ihrerseits alle mich behandelnden Ärzte und nichtärztliches Personal von der Schweigepflicht gegenüber Dritten entbinden. ☐ ja ☐ nein

Solange es zu meinem Wohl erforderlich ist, darf sie

- über meine freiheitsentziehende Unterbringung (§1906 Absatz 1 BGB) ☐ ja ☐ nein
- über freiheitsentziehende Maßnahmen (z.B. Bettgitter, Medikamente u.ä.) in einem Heim oder in einer sonstigen Einrichtung (§1906 Absatz 4 BGB) ☐ ja ☐ nein
- über ärztliche Zwangsmaßnahmen (§1906a Absatz 1 BGB) ☐ ja ☐ nein
- über meine Verbringung zu einem stationären Aufenthalt in einem Krankenhaus, wenn eine ärztliche Zwangsmaßnahme in Betracht kommt (§1906a Absatz 4 BGB) ☐ ja ☐ nein

entscheiden.

---

2. Aufenthalt und Wohnungsangelegenheiten

Sie darf meinen Aufenthalt bestimmen. ☐ ja ☐ nein

Sie darf Rechte und Pflichten aus dem Mietvertrag über meine Wohnung einschließlich einer Kündigung wahrnehmen sowie meinen Haushalt auflösen. ☐ ja ☐ nein

Sie darf einen neuen Wohnungsmietvertrag abschließen und kündigen. ☐ ja ☐ nein

Sie darf einen Vertrag nach dem Wohn- und Betreuungsvertragsgesetz (Vertrag über die Überlassung von Wohnraum mit Pflege- und Betreuungsleistungen; ehemals: Heimvertrag) abschließen und kündigen. ☐ ja ☐ nein

---

Ort, Datum — Unterschrift Vollmachtgeber*in

3. Behörden
Sie darf mich bei Behörden, Versicherungen, Renten- und Sozialleistungsträgern vertreten. Dies umfasst auch die datenschutzrechtliche Einwilligung. ☐ ja ☐ nein

4. Vermögenssorge (bitte beachten Sie die Hinweise auf Seite 49)
Sie darf mein Vermögen verwalten und hierbei alle Rechtshandlungen und Rechtsgeschäfte im In- und Ausland vornehmen, Erklärungen aller Art abgeben und entgegennehmen sowie Anträge stellen, abändern, zurücknehmen, ☐ ja ☐ nein

grundsätzlich

über Vermögensgegenstände jeder Art verfügen ☐ ja ☐ nein

Zahlungen und Wertgegenstände annehmen ☐ ja ☐ nein

Verbindlichkeiten eingehen ☐ ja ☐ nein

Willenserklärungen bezüglich meiner Konten, Depots und Safes abgeben. Sie darf mich im Geschäftsverkehr mit Kreditinstituten vertreten ☐ ja ☐ nein

Schenkungen in dem Rahmen vornehmen, der einem Betreuer rechtlich gestattet ist. ☐ ja ☐ nein

Folgende Geschäfte soll sie **nicht** wahrnehmen können:

5. Post und Fernmeldeverkehr
Sie darf im Rahmen der Ausübung dieser Vollmacht die für mich bestimmte Post entgegennehmen, öffnen und lesen. Dies gilt auch für den elektronischen Postverkehr. Zudem darf sie über den Fernmeldeverkehr einschließlich aller elektronischen Kommunikationsformen entscheiden. Sie darf alle hiermit zusammenhängenden Willenserklärungen (z.B. Vertragsabschlüsse, Kündigungen) abgeben. ☐ ja ☐ nein

6. Vertretung vor Gericht
Sie darf mich gegenüber Gerichten vertreten sowie Prozesshandlungen aller Art vornehmen. ☐ ja ☐ nein

7. Untervollmacht
Sie darf Untervollmacht erteilen. ☐ ja ☐ nein

8. Betreuungsverfügung
Falls trotz dieser Vollmacht eine gesetzliche Vertretung („rechtliche Betreuung") erforderlich sein sollte, bitte ich, die oben bezeichnete Vertrauensperson als Betreuer zu bestellen. ☐ ja ☐ nein

Ort, Datum Unterschrift Vollmachtgeber*in

9. Geltung über den Tod hinaus

Die Vollmacht gilt über den Tod hinaus. ☐ ja ☐ nein

10. Weitere Regelungen

Ort, Datum Unterschrift Vollmachtnehmer*in

Ort, Datum Unterschrift Vollmachtgeber*in

Betreuungsverfügung

Ich,

Vorname, Name:

Geburtsdatum: Geburtsort:

Adresse:

Telefon: E-Mail:

verfüge für den Fall, dass ich infolge Krankheit oder Behinderung meine Angelegenheiten ganz oder teilweise nicht mehr selbst besorgen kann, folgende Person als meine*n Betreuer*in einzusetzen.

Vorname, Name:

Geburtsdatum: Geburtsort:

Adresse:

Telefon: E-Mail:

Ersatzweise wünsche ich folgende Person als Betreuer*in:

Vorname, Name:

Geburtsdatum: Geburtsort:

Adresse:

Telefon: E-Mail:

Auf keinen Fall soll zur*m Betreuer*in bestellt werden:

1. Vorname, Name:

   Adresse:

2. Vorname, Name:

   Adresse:

Ort, Datum Unterschrift Vollmachtnehmer*in

Ort, Datum Unterschrift Vollmachtgeber*in

Die in meiner Vorsorgevollmacht und in meiner Patientenverfügung bestimmten Wünsche sind von meiner*m Betreuer*in zu befolgen. Insbesondere sollen die von mir niedergelegten Wünsche in meiner Vorsorgevollmacht und Patientenverfügung gegenüber Ärzten, Pflegepersonal, aber ggf. auch gegenüber dem Betreuungsgericht durchgesetzt werden.

Meine Verfügung soll Folgendes sicherstellen:

☐ Ich möchte bis zu meinem Tode in meiner Wohnung/meinem Haus leben. Im Bedarfsfall soll mich folgende Person pflegen und auch bei mir wohnen können.

Vorname, Name: ______________________________

Adresse: ______________________________

☐ Die mich pflegende Person soll ordnungsgemäß wie eine Pflegekraft entlohnt werden. Eventuelle Gelder aus der Pflegeversicherung zur häuslichen Pflege stehen ihr/ihm zu.

☐ Sollte ich ein Pflegefall werden, möchte ich zu Hause versorgt werden. Die häusliche Pflege soll erfolgen durch:

Vorname, Name: ______________________________

Adresse: ______________________________

☐ Ich wünsche, dass mein bisheriger Lebensstandard so lange wie möglich beibehalten wird, auch wenn dazu mein Vermögen verbraucht werden muss.

☐ Für den Fall, dass häusliche Pflege nicht mehr ausreicht und ich stationär gepflegt werden sollte, möchte ich in folgender Pflegeeinrichtung/Krankenhaus gepflegt werden:

Name, Adresse: ______________________________

☐ Sollte ich langfristig in ein Pflegeheim müssen, möchte ich in folgende Einrichtung:

Name, Adresse: ______________________________

☐ In einem Senioren-/Pflegeheim möchte ich in einem Einzelzimmer leben.

☐ Weitere Wünsche zur Wahrnehmung meiner Angelegenheiten:

____

____

____

______________________________ ______________________________

Ort, Datum Unterschrift Vollmachtnehmer*in

______________________________ ______________________________

Ort, Datum Unterschrift Vollmachtgeber*in

Der folgende Vordruck ist sehr ausführlich und beinhaltet viele zu treffende Entscheidungen. Lesen Sie die einzelnen Abschnitte sorgfältig durch und überlegen Sie, welche Auswahl für Sie richtig ist. Eingangs werden beispielhaft mögliche Situationen geschildert, die dazu führen können, dass Sie Ihren Willen nicht mehr bilden oder ausdrücken können. Hier können Sie eines oder alle Kästchen ankreuzen. Bei den Punkten 1-9 können Sie je Unterpunkt nur ein Kästchen ankreuzen. Sollten Sie mehrere Kästchen ankreuzen, wird Ihr Wunsch nicht deutlich und kann nicht berücksichtigt werden.

!

Patientenverfügung

Ich,

Vorname, Name:

Geburtsdatum: Geburtsort:

Adresse:

Telefon: E-Mail:

bestimme hiermit für den Fall, dass ich meinen Willen nicht mehr bilden oder verständlich äußern kann, z.B. wenn

- ☐ ich mich aller Wahrscheinlichkeit nach unabwendbar im unmittelbaren Sterbeprozess befinde,
- ☐ ich mich im Endstadium einer unheilbaren, tödlich verlaufenden Krankheit befinde, selbst wenn der Todeszeitpunkt noch nicht absehbar ist,
- ☐ infolge einer Gehirnschädigung (z.B. Unfall, Krankheit o.ä.) meine Fähigkeit, Einsichten zu gewinnen, Entscheidungen zu treffen und mit anderen Menschen in Kontakt zu treten, nach Einschätzung zweier erfahrener Ärzte/Ärztinnen aller Wahrscheinlichkeit nach unwiederbringlich erloschen ist,
- ☐ ich infolge eines weit fortgeschrittenen Hirnabbauprozesses (z.B. bei Demenzerkrankung) auch mit ausdauernder Hilfestellung nicht mehr in der Lage bin, Nahrung und Flüssigkeit auf natürliche Weise zu mir zu nehmen,

dass für die Punkte 1. bis 15. folgendermaßen zu handeln ist:

1. Lebenserhaltende Maßnahmen

In den oben beschriebenen Situationen wünsche ich

- ☐ dass alles medizinisch Mögliche und Sinnvolle getan wird, um mich am Leben zu erhalten.

oder

- ☐ dass alle lebenserhaltenden Maßnahmen unterlassen werden. Hunger und Durst sollen auf natürliche Weise gestillt werden, gegebenenfalls mit Hilfe bei der Nahrungs- und Flüssigkeitsaufnahme. Ich wünsche fachgerechte Pflege von Mund und Schleimhäuten sowie menschenwürdige Unterbringung, Zuwendung, Körperpflege und das Lindern von Schmerzen, Atemnot, Übelkeit, Angst, Unruhe und anderer belastender Symptome.

Datum Unterschrift

2. Schmerz- und Symptombehandlung

In den oben beschriebenen Situationen wünsche ich eine fachgerechte Schmerz- und Symptombehandlung,

☐ aber ohne bewusstseinsdämpfende Wirkungen.

oder

☐ wenn alle sonstigen medizinischen Möglichkeiten zur Schmerz- und Symptomkontrolle versagen, auch Mittel mit bewusstseinsdämpfenden Wirkungen zur Beschwerdelinderung.

3. Künstliche Ernährung und Flüssigkeitszufuhr

In den oben beschriebenen Situationen wünsche ich,

☐ dass eine künstliche Ernährung und Flüssigkeitszufuhr begonnen oder weitergeführt wird, wenn damit mein Leben verlängert werden kann.

oder

☐ dass eine künstliche Ernährung und/oder eine künstliche Flüssigkeitszufuhr nur bei palliativmedizinischer Indikation zur Beschwerdelinderung erfolgt.

oder

☐ dass keine künstliche Ernährung und keine künstliche Flüssigkeitszufuhr erfolgt.

4. Wiederbelebung

In den eingangs beschriebenen Situationen wünsche ich

☐ Versuche der Wiederbelebung.

oder

☐ die Unterlassung von Versuchen der Wiederbelebung.

Nicht nur in den oben beschriebenen Situationen, sondern in allen Fällen eines Kreislaufstillstands oder Atemversagens

☐ lehne ich Wiederbelebungsmaßnahmen ab.

oder

☐ lehne ich Wiederbelebungsmaßnahmen ab, sofern diese Situationen nicht im Rahmen ärztlicher Maßnahmen (z.B. Operationen) unerwartet eintreten.

5. Künstliche Beatmung

In den oben beschriebenen Situationen wünsche ich

☐ eine künstliche Beatmung, falls dies mein Leben verlängern kann.

oder

☐ dass keine künstliche Beatmung durchgeführt bzw. eine schon eingeleitete Beatmung eingestellt wird, unter der Voraussetzung, dass ich Medikamente zur Linderung der Luftnot erhalte. Die Möglichkeit einer Bewusstseinsdämpfung oder einer ungewollten Verkürzung meiner Lebenszeit durch diese Medikamente nehme ich in Kauf.

Datum Unterschrift

6. Dialyse

In den eingangs beschriebenen Situationen wünsche ich

☐ eine künstliche Blutwäsche (Dialyse), falls dies mein Leben verlängern kann.

oder

☐ dass keine Dialyse durchgeführt bzw. eine schon eingeleitete Dialyse eingestellt wird.

7. Antibiotika

In den eingangs beschriebenen Situationen wünsche ich

☐ Antibiotika, falls dies mein Leben verlängern kann.

oder

☐ Antibiotika nur bei palliativmedizinischer Indikation zur Beschwerdelinderung.

oder

☐ keine Antibiotika.

8. Blut/Blutbestandteile

In den eingangs beschriebenen Situationen wünsche ich

☐ die Gabe von Blut oder Blutbestandteilen, falls dies mein Leben verlängern kann.

oder

☐ die Gabe von Blut oder Blutbestandteilen nur bei palliativmedizinischer Indikation zur Beschwerdelinderung.

oder

☐ keine Gabe von Blut oder Blutbestandteilen.

9. Ort der Behandlung, Beistand

Ich möchte

☐ zum Sterben ins Krankenhaus verlegt werden.

oder

☐ wenn möglich zu Hause bzw. in vertrauter Umgebung sterben.

oder

☐ wenn möglich in einem Hospiz sterben.

Ich möchte

☐ Beistand durch folgende Personen:

____

☐ Beistand durch eine*n Vertreter*in folgender Kirche oder Weltanschauungsgemeinschaft:

____

☐ hospizlichen Beistand.

____

Datum Unterschrift

Bei Punkt 11 können Sie eines oder mehrere Kästchen ankreuzen. Bei den beiden letzten Unterpunkten müssen Sie auswählen, welcher Person Ihres Vertrauens das meiste Gewicht zukommen soll; setzen Sie hierzu bitte nur ein Kreuzchen.

!

10. Entbindung von der ärztlichen Schweigepflicht

- ☐ Ich entbinde die mich behandelnden Ärztinnen und Ärzte von der Schweigepflicht gegenüber folgenden Personen:

____

____

11. Aussagen zur Verbindlichkeit, zur Auslegung und Durchsetzung und zum Widerruf der Patientenverfügung

- ☐ Der in meiner Patientenverfügung geäußerte Wille zu bestimmten ärztlichen und pflegerischen Maßnahmen soll von den behandelnden Ärztinnen und Ärzten und dem Behandlungsteam befolgt werden. Mein*e Vertreter*in – z.B. Bevollmächtigte*r/Betreuer*in – soll dafür Sorge tragen, dass mein Patientenwille durchgesetzt wird.
- ☐ Sollte eine Ärztin oder ein Arzt oder das Behandlungsteam nicht bereit sein, meinen in dieser Patientenverfügung geäußerten Willen zu befolgen, erwarte ich, dass für eine anderweitige medizinische und/oder pflegerische Behandlung gesorgt wird. Von meiner*m Vertreter*in (z.B. Bevollmächtigte*r/Betreuer*in) erwarte ich, dass sie/er die weitere Behandlung so organisiert, dass meinem Willen entsprochen wird.
- ☐ In Lebens- und Behandlungssituationen, die in dieser Patientenverfügung nicht konkret geregelt sind, ist mein mutmaßlicher Wille möglichst im Konsens aller Beteiligten zu ermitteln. Dafür soll diese Patientenverfügung als Richtschnur maßgeblich sein. Bei unterschiedlichen Meinungen über anzuwendende oder zu unterlassende ärztliche/pflegerische Maßnahmen soll der Auffassung folgender Person/en besondere Bedeutung zukommen:
  - ☐ meiner/m Bevollmächtigten.
  - ☐ meiner/m Betreuer*in.
  - ☐ der behandelnden Ärztin oder dem behandelnden Arzt.
- ☐ Wenn ich meine Patientenverfügung nicht widerrufen habe, wünsche ich nicht, dass mir in der konkreten Anwendungssituation eine Änderung meines Willens unterstellt wird. Wenn aber die behandelnden Ärztinnen und Ärzte/das Behandlungsteam/mein*e Bevollmächtigte*r/Betreuer*in aufgrund meiner Gesten, Blicke oder anderen Äußerungen die Auffassung vertreten, dass ich entgegen den Festlegungen in meiner Patientenverfügung doch behandelt oder nicht behandelt werden möchte, dann ist möglichst im Konsens aller Beteiligten zu ermitteln, ob die Festlegungen in meiner Patientenverfügung noch meinem aktuellen Willen entsprechen. Bei unterschiedlichen Meinungen soll in diesen Fällen der Auffassung folgender Person/en besondere Bedeutung zukommen:
  - ☐ meiner/m Bevollmächtigten.
  - ☐ meiner/m Betreuer*in.
  - ☐ der behandelnden Ärztin oder dem behandelnden Arzt.

____

Datum Unterschrift

12. Hinweise auf weitere Vorsorgeverfügungen

☐ Ich habe zusätzlich zur Patientenverfügung eine Vorsorgevollmacht für Gesundheitsangelegenheiten erteilt und den Inhalt dieser Patientenverfügung mit der von mir bevollmächtigten Person besprochen:

Bevollmächtigte(r)

Vorname, Name:

Adresse:

Telefon: E-Mail:

☐ Ich habe eine Betreuungsverfügung zur Auswahl des*r Betreuer*in erstellt (ggf.: und den Inhalt dieser Patientenverfügung mit der/dem von mir gewünschten Betreuer*in besprochen).

Gewünschte*r Betreuer*in

Vorname, Name:

Adresse:

Telefon: E-Mail:

13. Hinweis auf beigefügte Erläuterungen zur Patientenverfügung

Als Interpretationshilfe zu meiner Patientenverfügung habe ich beigelegt:

☐ Darstellung meiner allgemeinen Wertvorstellungen.

☐ Sonstige Unterlagen, die ich für wichtig erachte.

14. Organspende

☐ Ich stimme einer Entnahme meiner Organe nach meinem Tod zu Transplantationszwecken zu (ggf.: Ich habe einen Organspendeausweis ausgefüllt). Komme ich nach ärztlicher Beurteilung bei einem sich abzeichnenden Hirntod als Organspender in Betracht und müssen dafür ärztliche Maßnahmen durchgeführt werden, die ich in meiner Patientenverfügung ausgeschlossen habe, dann

☐ geht die von mir erklärte Bereitschaft zur Organspende vor.

oder

☐ gehen die Bestimmungen in meiner Patientenverfügung vor.

☐ Ich lehne eine Entnahme meiner Organe nach meinem Tod zu Transplantationszwecken ab.

15. Schlussformel

☐ Soweit ich bestimmte Behandlungen wünsche oder ablehne, verzichte ich ausdrücklich auf eine (weitere) ärztliche Aufklärung.

Datum Unterschrift

Schlussbemerkungen

☐ Mir ist die Möglichkeit der Änderung und des Widerrufs einer Patientenverfügung bekannt.
☐ Ich bin mir des Inhalts und der Konsequenzen meiner darin getroffenen Entscheidungen bewusst.
☐ Ich habe die Patientenverfügung in eigener Verantwortung und ohne äußeren Druck erstellt.
☐ Ich bin im Vollbesitz meiner geistigen Kräfte.

Information/Beratung

☐ Ich habe mich vor der Erstellung dieser Patientenverfügung informiert bei/durch

___

und beraten lassen durch

___

Ärztliche Aufklärung/Bestätigung der Einwilligungsfähigkeit

Vorname, Name: ___

wurde von mir am ___

bezüglich der möglichen Folgen dieser Patientenverfügung aufgeklärt.

Er/Sie war in vollem Umfang einwilligungsfähig.

___

Datum Unterschrift, Praxisstempel

Die Einwilligungsfähigkeit kann auch durch eine Notarin oder einen Notar bestätigt werden.

Aktualisierung

☐ Diese Patientenverfügung gilt solange, bis ich sie widerrufe.
☐ Diese Patientenverfügung soll nach Ablauf von ___ ihre Gültigkeit verlieren, es sei denn, dass ich sie durch meine Unterschrift erneut bekräftige.
☐ Um meinen in der Patientenverfügung niedergelegten Willen zu bekräftigen, bestätige ich diesen nachstehend (Alternativen)
  ☐ in vollem Umfang.
  ☐ mit folgenden Änderungen:

___

___

___

Datum Unterschrift

Vierter Teil
Anhang

Hier finden Sie:

- Liste zur Selbstständigkeit in der Bewältigung des eigenen Alltags
- Vordruck für ein Pflegetagebuch
- Liste Pflegehilfsmittel und Hilfsmittel
- Liste wohnumfeldverbessernde Maßnahmen
- Liste wichtiger Aspekte für die Pflegeübergabe
- Liste für einen plötzlichen Krankenhausaufenthalt
- Musterschreiben Widerspruch Pflegegradantrag

A Selbstständigkeit im Absolvieren verschiedener Tätigkeiten des häuslichen Lebens (Umfang der Pflegebedürftigkeit)

Modul 1: Mobilität					
		selbständig	überwiegend selbständig	überwiegend unselbstädig	unselbständig
1.1	Positionswechsel im Bett	☐	☐	☐	☐
1.2	Stabile Sitzposition halten	☐	☐	☐	☐
1.3	Aufstehen aus sitzender Position / Umsetzen	☐	☐	☐	☐
1.4	Fortbewegen innerhalb des Wohnbereichs	☐	☐	☐	☐
1.5	Treppensteigen	☐	☐	☐	☐
1.6	Gebrauchsfähigkeit beider Arme und beider Beine	☐ ja	☐ nein		

Modul 2: Kognitive und kommunikative Fähigkeiten					
		vorhanden/ unbeeinträchtigt	größtenteils vorhanden	in geringem Maße vorhanden	nicht vorhanden
2.1	Personen aus dem näheren Umfeld erkennen	☐	☐	☐	☐
2.2	Örtliche Orientierung	☐	☐	☐	☐
2.3	Zeitliche Orientierung	☐	☐	☐	☐
2.4	Gedächtnis	☐	☐	☐	☐
2.5	Mehrschrittige Alltagshandlungen ausführen bzw. steuern	☐	☐	☐	☐
2.6	Entscheidungen im Alltagsleben treffen	☐	☐	☐	☐
2.7	Sachverhalte und Informationen verstehen	☐	☐	☐	☐
2.8	Risiken und Gefahren erkennen	☐	☐	☐	☐
2.9	Mitteilung elementarer Bedürfnisse	☐	☐	☐	☐
2.10	Verstehen von Aufforderungen	☐	☐	☐	☐
2.11	Beteiligung an einem Gespräch	☐	☐	☐	☐

Modul 3: Verhaltensweisen und psychische Problemlagen		nie oder sehr selten	selten (ein- bis dreimal innerhalb von zwei Wochen)	häufig (zweimal bis mehrmals wöchentlich aber nicht täglich)	täglich
3.1	Motorisch geprägte Verhaltensauffälligkeiten	☐	☐	☐	☐
3.2	Nächtliche Unruhe	☐	☐	☐	☐
3.3	Selbstschädigendes und autoaggressives Verhalten	☐	☐	☐	☐
3.4	Beschädigung von Gegenständen	☐	☐	☐	☐
3.5	Physisches aggressives Verhalten gegenüber anderen Personen	☐	☐	☐	☐
3.6	Verbale Aggression	☐	☐	☐	☐
3.7	Andere vokale Auffälligkeiten	☐	☐	☐	☐
3.8	Abwehr pflegerischer oder anderer unterstützender Maßnahmen	☐	☐	☐	☐
3.9	Wahnvorstellungen, Sinnestäuschungen	☐	☐	☐	☐
3.10	Ängste	☐	☐	☐	☐
3.11	Antriebslosigkeit, depressive Stimmungslage	☐	☐	☐	☐
3.12	Sozial inadäquate Verhaltensweisen	☐	☐	☐	☐
3.13	Sonstige inadäquate Handlungen	☐	☐	☐	☐

Modul 4: Selbstversorgung		selbständig	überwiegend selbständig	überwiegend unselbstädig	unselbständig
4.1	Vorderen Oberkörper waschen	☐	☐	☐	☐
4.2	Kämmen, Zahnpflege / Prothesenreinigung, Rasieren	☐	☐	☐	☐
4.3	Intimbereich waschen	☐	☐	☐	☐
4.4	Duschen oder Baden	☐	☐	☐	☐
4.5	Oberkörper an- und auskleiden	☐	☐	☐	☐
4.6	Unterkörper an- und auskleiden	☐	☐	☐	☐
4.7	Nahrung mundgerecht zubereiten, Getränk eingießen	☐	☐	☐	☐
4.8	Essen	☐	☐	☐	☐
4.9	Trinken	☐	☐	☐	☐
4.10	Toilette / Toilettenstuhl benutzen	☐	☐	☐	☐
4.11	Folgen einer Harninkontinenz bewältigen, Umgang mit Dauerkatheter / Urostoma ☐ entfällt	☐	☐	☐	☐
4.12	Folgen einer Stuhlinkontinenz bewältigen, Umgang mit Stoma ☐ entfällt	☐	☐	☐	☐
		Versorgung selbständig	Versorgung mit Hilfe		
			nicht täglich, nicht auf Dauer	täglich zusätzlich zu oraler Ernährung	ausschließlich oder nahezu ausschließlich
4.13	Ernährung parenteral oder über Sonde ☐ entfällt	☐	☐	☐	☐

Modul 5: Umgang mit krankheits-/therapiebedingten Anforderungen und Belastungen						
				Häufigkeit der Hilfe (Anzahl)		
		Entfällt	Selb-ständig	pro Tag	pro Woche	pro Monat
5.1	Medikation	☐	☐			
5.2	Injektionen	☐	☐			
5.3	Versorgung intravenöser Zugänge (Port)	☐	☐			
5.4	Absaugen oder Sauerstoffgabe	☐	☐			
5.5	Einreibungen, Kälte- / Wärmeanwendungen	☐	☐			
5.6	Messung und Deutung von Körperzuständen	☐	☐			
5.7	Umgang mit körpernahen Hilfsmitteln	☐	☐			
5.8	Verbandwechsel / Wundversorgung	☐	☐			
5.9	Versorgung bei Stoma	☐	☐			
5.10	Regelmäßige Einmalkatheterisierung, Nutzung von Abführmethoden	☐	☐			
5.11	Therapiemaßnahmen in häuslicher Umgebung	☐	☐			
5.12	Zeitl. ausgedehnte technikintensive Maßnahmen in häuslicher Umgebung	☐	☐			
5.13	Arztbesuche	☐	☐			
5.14	Besuch anderer medizinischer/therapeutischer Einrichtungen	☐	☐			
5.15	Zeitlich ausgedehnte Besuche medizinischer/therapeutischer Einrichtungen	☐	☐			
5.16	Einhaltung einer Diät oder anderer Verhaltensvorschriften und zwar: ______			☐ entfällt, nicht erforderlich		

Modul 6: Gestaltung des Alltagslebens und soziale Kontakte		selb-ständig	über-wiegend selb-ständig	über-wiegend unselb-städig	unselb-ständig
6.1	Tagesablauf gestalten und an Veränderungen anpassen	☐	☐	☐	☐
6.2	Ruhen und Schlafen	☐	☐	☐	☐
6.3	Sich beschäftigen	☐	☐	☐	☐
6.4	In die Zukunft gerichtete Planungen vornehmen	☐	☐	☐	☐
6.5	Interaktion mit Personen im direkten Kontakt	☐	☐	☐	☐
6.6	Kontaktpflege zu Personen außerhalb des direkten Umfeldes	☐	☐	☐	☐

Ergänzende Informationen für die Pflegeplanung:

Die nachfolgenden Aspekte können Sie auch bei der Pflegebegutachtung ansprechen.

Sonstige Fragen für die Versorgungsplanung			
Forbwegung im außerhäuslichen Bereich		selbständig	mit Hilfe/ Begleitung
7.1	Wie ist das Verlassen des Bereichs der Wohnung oder der Einrichtung möglich?	☐	☐
7.2	Wie ist die Fortbewegung außerhalb der Wohnung oder der Einrichtung (zu Fuß oder mit dem Rollstuhl) möglich?	☐	☐
7.3	Die Nutzung öffentlicher Verkehrsmittel im Nahverkehr	☐	☐
7.4	Wie ist das Mitfahren in einem Kraftfahrzeug möglich?	☐	☐
7.5	Teilnahme an kulturellen, religiösen oder sportlichen Veranstaltungen?	☐	☐
7.6	Besuch eines Arbeitsplatzes, einer Werkstatt für behinderte Menschen oder einer Einrichtung der Tages- oder Nachtpflege oder eines tagesbetreuungsangebotes?	☐	☐
7.7	Teilnahme an sonstigen Aktivitäten mit anderen Menschen (Besuche, organisierte Freizeitaktivitäten, Selbshilfegruppen, Vereine etc.)*	☐	☐

** Beurteilung ohne Berücksichtigung von Wegstrecken*

Fragen zur selbstständigen Haushaltsführung					
		selbständig	überwiegend selbständig	überwiegend unselbstädig	unselbständig
8.1	Einkaufen für den täglichen Bedarf	☐	☐	☐	☐
8.2	Zubereiten einfacher Mahlzeiten	☐	☐	☐	☐
8.3	Einfache Aufräum- und Reinigungsarbeiten	☐	☐	☐	☐
8.4	Aufwändige Aufräum- und Reinigungsarbeiten, einschließlich Wäschepflege	☐	☐	☐	☐
8.5	Nutzung von Dienstleistungen	☐	☐	☐	☐
8.6	Umgang mit finanziellen Angelegenheiten	☐	☐	☐	☐
8.7	Umgang mit Behördenangelegenheiten	☐	☐	☐	☐

B Pflegetagebuch

Name, Vorname:

Geburtsdatum:

Adresse:

Die Pflege wird durchgeführt von:

☐ Pflegeeinrichtung:
(Pflegedokumentation)

und/oder

☐ Pflegeperson(en):	pro Woche Pflege-	
	Tage	Stunden
A Name, Vorname, Geburtsdatum, Adresse, Telefon		
B Name, Vorname, Geburtsdatum, Adresse, Telefon		
C Name, Vorname, Geburtsdatum, Adresse, Telefon		

Anwesenheit der Pflegeperson(en) am Tag in Rufnähe

☐ nein ☐ mehrmals täglich ☐ überwiegend ☐ durchgehend

nächtliche Unterstützung (Umfang)

Angaben zur Person, die das Pflegetagebuch führt

Name und Anschrift des gesetzlichen Vertreters/Bevollmächtigten/Betreuers

Die wichtigsten pflegebegründenden Krankheiten:

Name und Anschrift des Hausarztes, Telefonnummer:

Krankenhaus/Rehaaufenthalte in den letzten drei Jahren (Einrichtung, wegen Diagnose/n)

Diese Medikamente werden zur Zeit eingenommen (Medikamentenplan):

Heilmittel (z.B. physikalische Therapie, Ergotherapie, Logopädie):

☐ nein ☐ ja, welche:

Liegen spezielle erschwerende Faktoren vor? ☐ nein ☐ ja, welche:

Vorhandene Hilfsmittel/Pflegehilfsmittel:

☐ keine ☐ Pflegebett ☐ Toilettenstuhl ☐ Badewannenlift
☐ Gehilfe ☐ Rollstuhl ☐ Toilettensitzerhöhung

☐ Inkontinenzprodukte

☐ sonstige

Bedarf an technischen Hilfen und/oder baulichen Maßnahmen (Wohnumfeld)

Ich bin mit den Angaben der das Pflegetagebuch führenden Person einverstanden.

Unterschrift Pflegebedürftige*r:
gesetzl. Vertreter*in/Bevollmächtige*r/Betreuer*in

Unterschrift (Vorname Name)
☐ Pflegeperson ☐ Angehöriger

C Liste verschiedener Pflegehilfsmittel und Hilfsmittel

Erleichterung der Pflege

Pflegehilfsmittel
- Pflegebetten
- Pflegebettenzubehör
- Bettzurichtungen zur Pflegeerleichterung
- Spezielle Pflegebetttische
- Sitzhilfen zur Pflegeerleichterung
- Rollstühle mit Sitzkantelung
- Lagerkorrekturhilfen für Bettlaken

Hilfsmittel
- Lifter, fahrbar zur Fremdbedienung
- Lifter zur Fremdbedienung, wandmontiert
- Zubehör für Lifter
- Umsetz- und Hebehilfen
- Schieberollstühle
- Treppenfahrzeuge

Körperpflege / Hygiene

Pflegehilfsmittel
- Produkte zur Hygiene im Bett
- Waschsysteme

Hilfsmittel
- Badewannenlifter
- Badewanneneinsätze
- Badewannensitze
- Duschhilfen
- Toilettensitze
- Toilettenstützgestelle
- Toilettenstühle
- Sicherheitsgriffe und Aufrichthilfen
- Dusch-/Toilettenrollstühle
- Toilettenrollstühle
- Duschrollstühle

Lebensführung

Pflegehilfsmittel
- Notrufsysteme

Hilfsmittel
- Hilfen zum Verlassen und Aufsuchen der Wohnung
- Gehhilfen

Linderung von Beschwerden

Pflegehilfsmittel
- Lagerungsrollen

Hilfsmittel
- Lagerungskeile
- Sitzhilfen zur Vorbeugung
- Liegehilfen zur Vorbeugung

Zum Verbrauch bestimmte Artikel

Pflegehilfsmittel
- Saugfähige Bettschutzeinlagen
- Schutzbekleidung
- Sonstige zum Verbrauch bestimmte Pflegehilfsmittel

Hilfsmittel
- Saugfähige Inkontinenzvorlagen
- Netzhosen für Inkontinenzvorlagen
- Saugfähige Einmal-Inkontinenzhosen
- Externe Urinalableiter
- Urin-Beinbeutel
- Urin-Bettbeutel
- Zubehör für Auffangbeutel

Hinweis

Neben den genannten Pflegehilfsmitteln, können auch die aufgeführten Hilfsmittel in Standardausstattung im tariflichen Umfang über die private Pflegepflichtversicherung zur Verfügung gestellt werden, wenn sie (pflegerisch) notwendig sind.

D Liste wohnumfeldverbessernde Maßnahmen

Soll das Wohnumfeld den Bedürfnissen des*der Pflegebedürftigen angepasst werden, sollten die Wohnbereiche für die Maßnahmen definiert werden. Die folgende Liste gibt einen Überblick über einige Möglichkeiten.

Allgemein

Aufzug

Briefkasten

Orientierungshilfen

Treppe

Türen, Türanschläge und Schwellen

Gesamter Wohnbereich

Bewegungsfläche

Bodenbelag

Heizung

Lichtschalter/Steckdosen
Heizungsventile

Reorganisation der Wohnung

Türen, Türanschläge und Schwellen

Fenster

Schlafzimmer

Bettzugang

Bodenbelag

Lichtschalter/Steckdosen

Küche

Armaturen

Bodenbelag

Kücheneinrichtung

Bad

Einbau eines fehlenden Bades/WC

Armaturen

Badewanne

Bodenbelag

Duschplatz

Einrichtungsgegenstände

Toilette

Waschtisch

E Liste wichtiger Aspekte für die Pflegeübergabe

Pflegeübergabe für eine akute bzw. kurzfristige Versorgung des*r Pflegebedürftigen

Gibt es einen Medikamentenplan?

- Sind ausreichend Medikamente vorhanden (z.B. Insulin)?
- Werden neue Rezepte benötigt?
- Wer kann Rezepte bzw. Medikamente besorgen?

Gibt es einen Therapie- oder Behandlungsplan?

- Termine von Behandlungen (z.B. Dialyse, Chemotherapie)
- Termine von Therapien (z.B. Physiotherapie bei Querschnittslähmung)

Wer sind die behandelnden Ärzte, Therapeuten, Behandler?

- Adressen
- Termine von Untersuchungen
- Liegen Arzt- oder Therapie-/Behandlungsberichte vor?

Kann der*die Pflegebedürftige im eigenen zu Hause weiterversorgt werden?

- Falls nicht, wo könnte er*sie weiterversorgt werden?
- Gibt es besondere Wünsche diesbezüglich?

Pflegeübergabe für eine mittel- und langfristige Versorgung des*r Pflegebedürftigen

Kann der*die Pflegebedürftige im eigenen zu Hause weiterversorgt werden?
Falls nicht, wo könnte er*sie weiterversorgt werden?

- Welche Voraussetzungen müssen dafür geschaffen werden?
- Notruf-Einrichtung
- Versorgung mit Mahlzeiten, z.B. Essen auf Rädern, Vorkochen durch Angehörige
- Wer unterstützt bei Körperpflege - Ambulanter Pflegedienst? Angehöriger?
  z.B. Haare waschen, duschen, Fußpflege
- Alltagshilfe, z.B. für Betten beziehen, Reinigung der Wohnung, Wäsche waschen, etc.
- Regelmäßige Lieferung von Medikamenten, Hygieneartikeln, Pflegehilfsmitteln etc.
- Senioren-Telefon, Senioren-Handy, Senioren-Fernbedienung u.ä.
- Alters- und bedürfnisgerechte Gestaltung der eigenen Wohnung
- Bauliche Maßnahmen, z.B. barrierefreie Dusche, Treppenlift

F Liste für einen plötzlichen Krankenhausaufenthalt

Wird der*die Pflegeperson für einige Tage vertreten, und tritt in dieser Zeit ein Notfall ein, so kann für die Pflegevertretung bereits einiges vorbereitet werden. Die folgende Aufstellung unterstützt Sie beim Zusammenstellen wichtiger Dinge für sinen solchen Notfall.

Pflegeübergabe bei Kurzzeitpflege oder Verhinderungspflege (Kap. 6.4.ff):

Es kann sein, dass während Ihrer Abwesenheit z.B. plötzlich ein Krankenhausaufenthalt notwendig wird. Sie wissen über Ihren Angehörigen bestens Bescheid. Das muss nun aber auch Ihre Pflegevertretung wissen.

Das sollten Sie der Pflegevertretung unbedingt zur Verfügung stellen:

- Arztberichte, für einen eventuellen Notfall
- Vorsorgevollmacht, Patientenverfügung
- Impfausweis, Schwerbehindertenausweis, Parkausweis, Versichertenkarte, Allergieausweis
- Medikamentenplan
- Wenn möglich alle Medikamente für den Vertretungszeitraum in einem Medikamentendispenser vorrichten
- Pflegehilfsmittel
- Hilfsmittel wie Rollator, Rollstuhl, Gehstock, usw., die vor Ort nicht zur Verfügung stehen
- Rezepte für medizinische Anwendungen, die vom Haus- oder Facharzt verordnet wurden
- Auflistung aller Termine, die während der Vertretungszeit wahrgenommen werden müssen (Arzttermine, Therapietermine, Tagespflege usw.)
- Kontaktadressen von Haus- und Facharzt, nächstem Krankenhaus, Therapeuten usw.
- Nachbarn benachrichtigen, dass Sie vertreten werden
- Ihre eigene Erreichbarkeit und Adresse

G Musterschreiben Widerspruch Pflegegradantrag

[Vorname Name]
[Straße Hausnummer]
[PLZ Ort]

[Empfängername]
[Straße Hausnummer]
[PLZ Ort]

[Ort, Datum]

Ihr Schreiben vom: ______________________
Versicherungsnummer: ______________________
Aktenzeichen: ______________________
Bearbeitet von: ______________________

Betreff: Widerspruch

Sehr geehrte Damen und Herren,

hiermit widerspreche ich Ihrem Bescheid vom ______________________ .

Gleichzeitig bitte ich Sie, mir gemäß § 25 Abs. 1 SGB X zeitnah Einsicht in das vollständige Gutachten des MDK/MEDICPROOF zu gewähren.

Die Begründung meines Widerspruchs reiche ich in einem separaten Schreiben nach, wenn mir das o.g. Gutachten in Kopie vorliegt.

Mit freundlichen Grüßen

____

[Unterschrift der*s Pflegebedürftigen/seiner*s Bevollmächtigten]

H Wichtige Rufnummern

Alle Angaben ohne Gewähr und Anspruch auf Vollständigkeit.

Notrufnummern

Polizei-Notruf 110
Feuerwehr /Rettungsdienst/ Notarzt 112
Sperr-Notruf (Personalausweis, Bank- und SIM-Karten) . . . 116 116
Opfer-Telefon Weisser Ring (bei Kriminaltaten) 116 006

Bereitschaftsdienste

Ärztlicher Bereitschaftsdienst (alle Städte) 116 117
Telefonseelsorge Bundesweit 116 123

Der Ärztliche Bereitschaftsdienst gibt zumeist auch Auskunft zu Tierärzten und Tierkliniken.

Giftinformationszentren der Bundesländer

Baden-Württemberg, Uniklinik Freiburg . . . . (0761) 19240
Bayern, Techn. Universität München . . . . (089) 19240
Berlin-Brandenburg, Charite Berlin . . . . (030) 19240
Bremen, Niedersachsen, GIZ Nord Göttingen . . . . (0551) 19240
Hamburg, Schleswig-Holstein, GIZ Nord Göttingen . . . . . . (0551) 19240
Hessen, Rheinland-Pfalz, GIZ Mainz . . . . (06131) 19240
Mecklenburg-Vorpommern, GGIZ Erfurt . . . . (0361) 730 730
Sachsen, Sachsen-Anhalt, Thüringen, GGIZ Erfurt . . . . (0361) 730 730
Nordrhein-Westfalen, Uniklinik Bonn . . . . (0228) 19240
Saarland, Uniklinik Homburg/Saar . . . . (06841) 19240

Bei akut bedrohlichen Situationen mit mutmaßlicher Vergiftung
bitte direkt den Rettungsnotruf 112 anrufen.

Verbraucherzentralen

Bei den folgenden Telefonnummern handelt es sich zumeist um zentrale Anlaufstellen, die für die Terminvergabe zuständig sind. Bei den fehlenden Bundesländern gibt es pro Beratungsthema und/oder Stadt eigene Telefonnummern, die Sie auf der Internetseite www.verbraucherzentrale.de finden können.

Baden-Württemberg . . . . (0711) 66 91 10
Berlin . . . . (030) 214 85 0
Brandenburg . . . . (0331) 98 22 999 5
Bremen. . . . . (0421) 160 777
Bremerhaven . . . . (0471) 26 194
Hessen . . . . (069) 972 010 900
Niedersachsen Servicetelefon . . . . (0511)911 960
Rheinland-Pfalz . . . . (06131) 284 80
Saarland . . . . (0681) 50089 55
Sachsen . . . . (0341) 696 29 29
Sachsen-Anhalt . . . . (0345) 29 27 800
Schleswig-Holstein . . . . (0431) 59 099 40
Thüringen . . . . (0361) 555140

Pflegestützpunkte

Pflegestützpunkte werden von den Kranken- und Pflegekassen auf Initiative eines Bundeslandes eingerichtet und bieten Hilfesuchenden Beratung und Unterstützung. Wenn Hilfesuchende selbst pflegebedürftig sind oder pflegebedürftige Angehörige haben, erhalten sie im Pflegestützpunkt alle wichtigen Informationen, Antragsformulare und konkrete Hilfestellungen.

In den Pflegestützpunkten finden Sie auch die Pflegeberaterinnen und Pflegeberater der Pflegekassen.

In der Online-Datenbank des Zentrums für Qualität in der Pflege (Stiftung ZQP) können Sie alle gelisteten regionalen Pflegestützpunkte nachschlagen: zqp.de/beratung-pflege/

Pflegeberatung

Des Weiteren gibt es bundesweite und kostenfreie Beratungstelefone zu den verschiedenen Pflegethemen.

Compass Telefonische Pflegeberatung .... (0800) 101 88 00
Die telefonische Pflegeberatung von compass Private Pflegeberatung beantwortet Fragen zur Pflegeversicherung und ist zudem Ansprechpartner bei der Suche nach Versorgungsangeboten.
Auch berät Compass zum Thema Demenz.

Unabhängige Patientenberatung der UPD .... (0800) 011 77 22
Das Beratungstelefon der Unabhängigen Patientenberatung berät, neben vielen anderen gesundheitlichen Beratungsthemen, zu allen Themen im Bereich Pflege und unterstützt auch Angehörige bei pflegerischen Fragen.

Bürgertelefon zur Pflegeversicherung .... (030) 340 606 602
Das Bürgertelefon zur Pflegeversicherung des Bundesministeriums für Gesundheit informiert über gesetzliche Grundlagen, klärt auf über mögliche gesetzliche Ansprüche, nimmt Anregungen auf und vermittelt Adressen und Ansprechpartner.

Alzheimer Telefon. .... (030) 259 379 514
Das Alzheimer-Telefon der Deutschen Alzheimer Gesellschaft berät Menschen mit Demenz, Angehörige und alle Interessierte bundesweit bei Fragen rund um das Thema Demenz und speziell zur Alzheimer-Krankheit.

Seniorenvertretung

Überall in Deutschland gibt es Seniorenvertretungen (häufig auch „Seniorenräte“ oder „Seniorenbeiräte“). Diese vertreten die politischen Interessen der einzelnen Senioren oder auch bestimmte Gruppen von Senioren auf Gemeinde-, Kreis- oder Landesebene.

Die Deutsche Seniorenliga e.V. listet auf ihrer Internetseite alle Landesseniorenvertretungen inkl. Adresse und Kontaktdaten. Auch gibt es dort eine Suchfunktion für die Suche nach Vertretungen in Ihrer Stadt: www.ihre-seniorenvertretung.de

Sterbe- und Trauerbegleitung, Sterbehilfe

Informationen zu ambulanten und stationären Hospizdiensten, Palliativstationen und zu Hilfsangeboten für Trauerbegleitung gibt es zu viele, als dass wir sie hier umfassend auflisten könnten. Wegweisend ist jedoch der Hospiz- und Palliativ Dachverband (DHPV}, über den Sie auf die jeweiligen Seiten der Landesverbände geführt werden. Dort wiederum finden Sie Übersichten über die regionalen und örtlichen Mitglieder.

www.dhpv.de/ueber-uns_mitglieder.html

Des Weiteren finden Sie Beratung und Hilfsangebote zu diesen Themen bei den unzähligen örtlichen und regionalen Hilfsorganisationen, wie z.B. DRK, AWO, Caritas, Arbeiter Samariter Bund oder auch bei den Diakonien.

Beratung zum Thema Sterbehilfe finden Sie hier:

DIGNITAS-Deutschland e.V. (mit Sitz in Hannover) . . . . (0511) 336 23 44

Deutsche Gesellschaft für Humanes Sterben (Berlin) . . . . (030) 212 22 337 0

Die wichtigsten Ämter und Kammern

Bundesweite Behördennummer für Verwaltungsfragen. 115

Bundesnotarkammer - zentrales Vorsorgeregister . . . . (0800) 35 50 500

Bundesnotarkammer - Zentrales Testamentsregister . . . . (0800) 35 50 700

Bundesrechtsanwaltskammer. . . . . (030) 52 0009 444

Für soziale Fragen stehen Ihnen die örtlichen Sozialämter (oft auch „Amt für soziale Dienste“) zur Verfügung. Sie beraten unter anderem bei Fragen zu Altenhilfe, Grundsicherung, Behinderung, Gesundheit, Schulden und Familien.

Des Weiteren finden Sie Beratung zu vielen sozialen Themen (und auch rechtlichen Themen) bei den unzähligen örtlichen und regionalen Hilfsorganisationen, wie z.B. DRK, AWO, Caritas, Arbeiter Samariter Bund oder auch bei den Sozialverbänden oder dem VdK (als Mitglied). Auch Diakonien bieten Beratung zu den sozialen Themen an.

Persönliche Notizen

Persönliche Notizen